好学校的性格色彩

这些年，我与中小学、幼儿园有许多"亲密接触"。从这些学校中，我发现了一个"秘密"：好学校总有自己的性格色彩，总有自己的精神属性。

好学校有丰富的颜色

好学校一年四季都有风景。春天，你走进它，有各色花儿，红的像火，粉的像霞，白的像雪。夏天，你置身其中，绿草茵茵，就算骄阳似火，也有阴凉。孩子们可以踢球、打滚，可以任性。秋天，你老远就可以看到，枫叶红了，橘子黄了，婀娜多姿。冬天，你靠近它，香樟绿环绕着你，垂柳枝笼罩着你，你不会觉得单调。当然，环境的价值不在于"装扮"，而在于让心灵沉静，让生命多彩。它是生命哲学的演化，是内心深处的讴歌与赞美。法国思想家卢梭说教育的核心是"归于自然"——回归"自然状态"，回归人之原始倾向。善良总存在于纯洁的自然之中。好学校总是拥有自然的纯净与原始美，它努力让孩子们与美好相遇。静谧，美好——好学校是温润的。

好学校有足够的成色

成色是衡量一所学校教育境界的一个指标，是一所学校的"育人"含金量。如果一所学校的含金量定位为考试成绩，它的成色就是混浊的；如果一所学校的含金量定位为立德树人，它的成色就是清纯的。黎巴嫩诗人纪伯伦说过："我们已经走得太远，以至于忘记了为什么而出发。"教育是为着我们不曾拥有的过去，为着我们不曾经历的当下，为着我们不曾想到的未来。教育之原点在激发想象，而不仅仅是学习知识；教育之原点在发展理性，而不仅仅是讲授道理；教育之原点在鼓励崇高，而不仅仅是理解规范；教育之原点在丰富经历，而不仅仅是掌握技艺；教育之原点在温暖心灵，而不仅仅是强化记忆；教育之原点在强健身心，而不仅仅是发展智能；教育之原点在点亮人生，而不仅仅是预知未来。回归原点，是好学校的立场。不功利——好学校是纯粹的。

好学校有优雅的行色

优雅是让人向往的，有来源于生命本身的气质。每一个人都行色匆匆，孩子们被课业压得喘不过气来，教师被成绩比较而形成优劣阵营，这样的学校就不会是一所好学校。什么是好学校？孩子们表情舒展，教师们精神敞亮——每到一所学校，我总喜欢以这样的眼光去观察师生的生命状态。我发现，在好学校，孩子们的脸总是明晃晃的，有美好期待；教师的行色总是从容优雅，有专业自信。女孩子清新可人，男孩子风度翩翩，生命在人性层面焕发出动人光彩。一句话，每一个生命都自然而然地生长，这里有一种难以言说的气息在校园里弥漫开来、传播出去。面对此，我只能说：好学校是舒展的。

好学校有鲜明的特色

办学特色是一所学校整体呈现出来的系统性特征，集中表现在基于学校文化的课程体系。学校办得好不好，不在于规模有多大，而在于特色是否鲜明，是否有足以体现自己文化的课程架构。好学校行走在有逻辑的课程变革之路上，努力让学校课程富有倾听感，关注学生的学习需求；拥有逻辑感，建构严密的而非拼盘的课程体系；嵌入统整感，更多地以整合的方式实施而非简单地做加减法；饱含见识感，以丰富学生的学习经历为取向；提升质地感，课程建设触及课堂教学变革，课堂教学呈现出新的文化样态。一句话，好学校课程目标凸显内在生长，课程内容突出学习需求，课程结构强调系统思维，课程实施张扬生命活性，课程评价与管理彰显主体向度。好学校关注学习方式的多变性和场景性、学习时间的灵活性和可支配性、学习空间的多元性和舒适性、学习资源的丰富性和易得性，让所有的时空都成为课程场景，让孩子们学习作品的形成、展示、发布、分享成为校园里最美的景观，让时空展现出生命成长的气息和灵动。是啊，好学校有生命里最美好的记忆。

好学校有厚重的底色

厚重的底色不在于办学时间长短，而在于拥有强烈的文化自信。进入学校，我喜欢看墙上的"文字"。多年经验告诉我,文化不在墙上,很多时候,墙上的文字越多,学校的文化含量越低。道理很简单,大量文字堆放在墙上,说明这种文化还没有被老师们普遍认同,更谈不上内化于心、外化于行;说明这种文化还缺乏影响力,还没有被大众广泛接受,需要宣示和传播。一所学校是否拥有自己的教育哲学,是否拥有自己的教育信仰,是它"底色"如何的重要侧面。毫无疑问,好学校应该有自己的教育信仰。但是,教育信仰不是文字游戏,不是专家赐予的东西。信仰是从内心深处生长出来的,是从脚底下走出来的,是从指尖流淌出来的,是慢慢地生长、慢慢地走出来、慢慢地流淌出来的东西。唯有"慢慢地"才能"深深地","深深地"才能"牢牢地",扎下根来,进入我们的灵魂,融入我们的血液,成为我们生命的构成,成为我们前行的力量。文化总是无言或少言,但让人作出判断和选择。好学校,你一走进去,一种向往感、追慕感、浸润感便油然而生。因此,好学校是柔软而有力的。

美国思想家梭罗在《种子的信仰》一书中把好学校比喻为"一方池塘",每一个孩子在其中如鱼得水,自由自在,这就是"回归自然"的状态。不是吗?好学校总是这样的——温润,纯粹,舒展,美好,柔软而有力——这也是本套丛书聚焦的一批学校的性格色彩。

杨四耕

2023 年 2 月 21 日于上海市教育科学研究院

目　录

　　　　每一所学校都是不同的。学校要找准定位，形成符合自身实际的办学理念，并围绕这一理念推进教育治理。好学校"人和校兴"，不断培养"和美学生"，建设"和美课程"，打造"和美教师"，实施"和美管理"，努力实现教育理想。

　　　　好学校有一套好的课程。课程是办学理念落实的载体，包含目标、内容、实施和评价等要素。其中,课程目标服务于育人目标的实现,课程内容为学生提供丰富的学习经历,课程评价为课程实施效果提供反馈。

第三章　和而智:智慧课堂与世界激荡 / 71

学习具有主动建构性、社会互动性和情境适应性。学习总是与具体的社会实践情境联系在一起。课堂教学的核心是要化知识为智慧,因此必须以学习为中心展开,通过学习方式变革,高质量作业体系建构和数字化赋能,提升课堂教学的智慧属性。

第四章　和而异:和而不同促教师成长 / 113

行走在专业成长的路上,教师要有清晰的目标,要时常反思自己在哪里,将要去哪里;要不断修炼内功,要兼具关爱学生之心和专业实践之能,在培训、展示、科研等专业实践活动中,走出一条属于自己的成长之路。

第五章　和而特:专题教育与心灵成长 / 153

教师是人类灵魂的工程师。教育不只是传授知识,更重要的是培育心灵。学校教育要为心灵成长提供支持,通过多样的专题教育,携手家长与社会,培养具有远大理想、健全心智、责任担当、热爱劳动的学生。

第六章　和而新:教育治理与创新发展 / 193

在新时代背景下,学校教育要从自上而下的“管理”,走向多维参与的

"治理"，要基于校长、专家、教师共同参与的顶层设计，基于学校、家庭、社会资源的统筹运用，推动学校高质量发展。

办一所有追求的学校

学校是什么？好学校是什么？这是我经常思考的问题，也是我一直在探寻解答的问题。

家长说："学校是一个有老师照看的地方，是孩子学习知识的地方，也是孩子和小伙伴待在一起的地方。"

学生说："学校是我第二个家，有很多同学和我一起上课、活动。我在这里跟老师、同学一起度过每一天，快乐长大。"

老师说："学校是党和国家培养人才、教书育人的地方，是实现我的理想、播撒祖国希望的种子的地方。"

诗人说："学校让年轻人的心激荡起来，是一个能让走进它的人感受到神圣、魅力和诗意的地方。"

教育家说："学校是充满爱的地方。"

上面这些答案中，有的反映了一种社会现实，有的体现出一种职业理想，有的表达了一种美好诉求。那么，什么样的学校才让家长、学生和老师都心向往之？好的学校是什么样的呢？

有人这样描述他心目中理想的学校："一个理想的学校不需要富丽堂皇,但是需要干净整洁,墙壁涂色,地板擦亮,窗户干净明亮。人们会视这种学校为学习的殿堂,是学生、老师、家长、社会成员互相交流的地方。所有人的努力都极其重要,因为他们将会成就这个学校。学校的领导亲自给学生上课,并且花不少时间观察课堂,对教师的工作提出清晰且可操作性强的反馈,帮助教师做出改进。"正如美国教育家伯尔凯和史密斯所说:"一个办得成功的学校应以它的文化著称,这个文化要有一个优质和规范的结构、过程和气氛,使教师和学生都被纳入走向成功的教育途径。"

　　我所理解的"学校"是成就学生梦想的地方——创设适合每一位学生成长的生态环境,给学生选择课程的权利。正如蔡元培先生所提倡的办学理念:"与其守成法,毋宁尚自然;与其求划一,毋宁展个性。"为学生提供经历的机会,给学生创设探究实践的空间,为学生搭建展示自我风采的舞台,架起每一位学生通往梦想的桥梁,实现"让每一个孩子怀揣美好与世界相遇"的愿景,这些是"好学校"的使命。

　　近年来,鞍山初级中学通过"和美教育"的实践探究,形成了行之有效的规章制度和优良的作风、教风、学风,以"和美文化"影响每一名师生,创建"和美校园",建设"和美课程",培养"和美学生",打造"和美教师",实践"和美管理"。当下,学校教育春风化雨、润物无声;师生间传递着温暖与关爱;学校时时处处充盈着人文气息,成为了师生向往的温馨家园。

创建"和美学校",营造良好校园文化

　　好的学校首先要有好的文化气象。每位家长在送孩子上学时,都希望学校能

够帮助自己实现对孩子的美好期望,希望孩子能在这里健康成长、努力成才;每个孩子每天上学的时候,都希望今天能够在愉快的氛围里,学到有用的知识,和同学轻松地交往,充满意义地度过一天;每位教师都希望能在岗位上实现自我价值,通过辛勤地付出,真正帮助到每一个孩子,使他们身心健康地发展,最终成为祖国的栋梁;每位对教育事业充满热忱的学校创办者、管理者,都希望把自己的学校办成一所人们心目中的好学校。

好学校是文化"熏"出来的。经过建校以来六十多年的办学历史积淀,鞍山初级中学形成了"一笔一划写好字、一撇一捺做好人"的校训、"人和校兴"的办学理念、"和而有长、博能兼美"的育人目标。追求"和美教育"特色办学体现了学校教育思想的更新,凸显了优质、个性、内涵发展的现代教育理念,符合教育科学和谐发展的现实要求。鞍初人在优化"和"课程行动、追求"和"教育品质的道路上不断前行,追求"学校有特色、教师有特点、学生有特长",倾心打造学生发展"和而有长"、教师专业发展"和而不同"、学校教育管理"和而有新"的"家门口的好学校"。

建设"和美课程",满足学生全面发展

好的学校要有好的课程体系,支持孩子们全面和个性化的发展。多年来,鞍初人努力把学校建设成能够满足学生学习需求,为学生提供丰富的活动体验的好学校。围绕"让每一个孩子怀揣美好与世界相遇"的课程愿景,学校立足学生发展目标,以提升初中生综合素质为目标,坚持五育并举,指向"六力"培育,按照学习方式(动静相合的多元实践)和学习经历(主题学习、行走学习、社团学习、整合学习、项目学习等),重构学校的课程图谱,从而落实培养目标,满足学生的个性化学

习需求。

基于多年来形成的足球、书法特色,学校以"动静相宜育学子、文理兼重促创新"为推进策略,积极架构"和美课程",以"和而有长,博能兼美"为目标,培养具备大气谦和的内在气质,学有所长的个性化发展,博采众长、多元发展的学生。在凸显"足球+书法"特色课程的育人价值的同时,学校探索实践"学科课程校本化、德育课程主题化、社团课程特色化、综合实践课程基地化",构建了文理相融、动静相生的"和美课程"群,让课程成为丰富学生学习经历、提升学生人文素养和科学素养的重要载体。同时,学校根据课程特点,合理设计长、短课程周期。立体式架构的拓展型课程,使得课程建设"活"了起来,让学生通过课程学习广学博览、融会贯通,通过课程体验学会生活、热爱生活,通过课程参与发现自我、发展自我。

培养"和美学生",形成育人的新样态

好的学校要有育人新样态。质量是学校的生命线,高质量是好学校的永恒追求。教育是心灵的事业,更应是幸福的行业。学校要能把博大的爱给予学生,用宽容的心包容学生,使学生享受快乐的教育,教师享受教育的快乐。

每一代鞍初人都在努力,通过实施文理相融、动静相生的"和美课程",让每个孩子都能生活在温暖的阳光里,人格得到尊重,个性得到重视,实现阳光生活、和谐生长。在鞍山初级中学,教育的目的是学生的生存和发展。分数不是唯一的评价准绳。只要学生有进步,只要学生身上有闪光点,就会得到教师的肯定和鼓励。校园中,孩子们脸上洋溢的是阳光,眼睛里充满的是善意。在这里,学生没有被束缚的感觉:他们就像小鸟在森林,自由自在地飞翔,自由自在地歌唱。

打造"和美教师"，激发教师教育热情

好的学校有一支好的教师团队。清华大学的老校长梅贻琦说过："大学之大，非有大楼之谓也，乃有大师之谓也。"百年大计，教育为本；教育大计，教师为本。教师担负"传道、授业、解惑"的责任，有好教师才有好学校。我们坚信，只有幸福的教师才能教出快乐的学生。只有当教师感受到工作是一种享受而不是一种劳役，是自我实现的过程而不是单纯的付出时，才能创造出充满生命温暖的课堂，才可能为学生提供优质的教育服务。

学校相信"人和校兴"，关注教师的校园生活质量，关注教师的职业幸福感，努力建设一支"行大道为师本、育自觉为生本"的教师队伍，引导教师成为大先生，成为学生为学、为事、为人的示范。学校尊重差异，重视合作，使教师变得有目标，有动力，有尊严，能够自主地、创造性地学习与工作。课程建设过程中，教师实现了角色转变，从课程的实施者到课程的开发者、研究者，并展现出自己"和而不同"的教学风格和教育特色，多方位地体会到成就感、幸福感，成为"和美教师"。

实践"和美管理"，助力实现育人目标

好的学校有一套好的管理机制。管理既是一门科学，又是一门艺术。鞍山初级中学的学校管理有目标，以实现办学愿景和育人目标为导向，真心实意地做好课程建设和师生发展的保障，采取各种措施最大限度地满足师生的需求，助推教育教

学各项工作的顺利开展;有温度,这种"温度"体现在以学生为本,不仅外化于课堂教学活动中,还内含在校园管理的每一个细节之中,精心设计又不留痕迹,做到润物无声;有高度,大力倡导立德树人,鞍初人坚守人文精神、教育风骨和气度胸襟,不断推动学校管理体系和管理能力的现代化建设;有力度,在安全管理等方面有翔实的措施,营造安全、健康、温馨的校园环境。

　　总之,好学校可能千变万化,但总归有好的文化气象、好的课程体系、好的育人样态、好的教师团队、好的管理机制。

第一章

和而美：怀揣美好与世界相遇

　　每一所学校都是不同的。学校要找准定位，形成符合自身实际的办学理念，并围绕这一理念推进教育治理。好学校"人和校兴"，不断培养"和美学生"，建设"和美课程"，打造"和美教师"，实施"和美管理"，努力实现教育理想。

第一节　历史积淀:"人和校兴"的办学理念

白驹过隙不可追,桃李春风又一年。上海市鞍山初级中学始建于 1958 年,前身为大连中学。学校经历了建校初创期、稳定发展期、合并办学期三个阶段,走过了 66 个春秋。多年来,全体鞍初教育人秉承"人和校兴"的办学理念,精心培育"和"文化,努力追求"和"的教育品质,坚持以"文"化人,通过价值引导人、氛围感染人、精神激励人、课程培育人等路径,倾力经营有温度的学校。

一、学校初创,声望初现

1949 年 9 月召开的中国人民政治协商会议第一届全体会议一致通过了《中国人民政治协商会议共同纲领》(以下简称《纲领》),确定了新中国的文化教育方针。《纲领》指出,"中华人民共和国的文化教育为新民主主义的,即民族的、科学的、大众的文化教育",为教育的恢复和探索指明了方向。1952 年,国家开始大规模的扫盲教育。1956 年 3 月 29 日,中共中央、国务院发布《关于扫除文盲的决定》这一代表性的文件,采取各种措施,面向广大工人、农民开展扫盲教育。扫盲教育工作结合工人、农民生活实际,采取上夜校、速成识字班、读报组、"冬学"、田间地头小黑板识字等灵活多样的途径进行。

1958 年,党中央在全国范围内开展了一场轰轰烈烈的教育改革运动,具体表现在三个方面:一是强调教育要为无产阶级政治服务;二是强调教育要与生产劳动相结合,大搞不同形式的勤工俭学;三是用群众运动的方式办教育,开办了一大批高等院校。在这样的历史背景下,大连中学(上海市鞍山初级中学前身)顺势而生。

大连中学在创始期,顺应当时的教育改革政策,在课程设计方面强调书本和实践相结合,学工学农都占有一定比例。由于师资有限,所以使用了团队学习、同伴互助、学生自学等较丰富的学习形式。当时,学校有一个很大的标准化球场,周边有跳伞塔等社会资源,学生体育活动和社会实践课程的资源相对较多,因此在区域内较为有名。根据与学校老教师、老领导的访谈,可以知道,当时大连中学在区域内是有一定声望的。

二、稳定发展,关注教学

1977 年 12 月,我国恢复了高考招生。1978 年 12 月 18 日,党的十一届三中全会召开,开启了我国改革开放和社会主义现代化建设的新时期。当时,党和国家领导人十分重视教育。邓小平同志陆续做出了知识分子"已经是工人阶级的一部分"和"科学技术是第一生产力"的重要论断。全国范围内开始了"实践是检验真理的唯一标准"大讨论和教育本质问题大讨论,逐步形成了教育是生产力的新认识,为教育领域改革开放奠定了思想认识基础。邓小平同志恢复工作以后,自告奋勇向中央提出要抓教育工作。他指出:"一定要在党内造成一种空气:尊重知识,尊重人才",提出"教育事业必须同国民经济发展要求相适应"的要求。中国逐步走出了一条中国特色社会主义教育发展道路。1983 年 9 月,邓小平同志为北京景山学校题词"教育要面向现代化,面向世界,面向未来",确立了教育改革开放的战略方针。

在这样的历史背景下,大连中学在20世纪70年代中期到90年代初进入稳定发展期。随着学校初中部和高中部的分离,大连中学成为纯初中学校。同时,学校经历了由六三制变五四制改革,为后续开展初小衔接的课题研究埋下了伏笔。这一时期,学校更加重视教育教学质量,设立了文科加强班、理科加强班。但是,学校仍然以分数分班,对学生个性化发展的关注仍显不足。这是时代的进步,也是时代的局限。

三、合并办学,形成特色

党的十八大以来,中国特色社会主义进入新时代。习近平总书记十分重视教育。在党的十九大报告中,习近平总书记指出,"建设教育强国是中华民族伟大复兴的基础工程",要优先发展教育事业。2018年9月10日,习近平总书记在全国教育大会上指出:"教育是国之大计、党之大计",把教育的地位和作用提升到前所未有的高度。在习近平新时代中国特色社会主义思想指引下,我国开启了以人民为中心发展教育,实现教育现代化,建设教育强国,实现中华民族伟大复兴中国梦的新征程。

在这个历史时期,大连中学既面临变革,也面临机遇。

自从高中部剥离出去后,学校剩余的初中部教师青黄不接。为此,学校内外兼修,加强集体备课、集体研磨,形成了日后教研联合体的雏形。

机遇是,1999年,大连中学与当时的鞍山中学(现同济一附中)合并办学,正式改名为上海市鞍山初级中学。通过合并办学,学校的课程资源、教师资源得到有效融通,在这些资源的加持下,学校开始开设特色班(足球和书法),经过多年的实践,不断积累经验,丰富课程内容,最终形成"一动一静"两大特色课程——"快乐足球"足球校本特色课程以及"翰墨流芳"书法特色校本课程。

秉承"人和校兴"的办学理念,学校快速发展,收获颇丰。学校目前所有教师都具备本科及以上学历,具备研究生学历的教师有 7 人;高级职称教师 11 人,占比 14.2%,中级职称教师 37 人,占比 48.1%;上海市普教系统名校长名师培养工程"攻关计划"名校长后备 1 人,名教师后备 4 人;区学科带头人 3 人,区骨干教师 7 人,区学科中心组 9 人,区骨干后备 3 人,校教育教学能手 4 人。学校先后荣获全国首批书法教育示范校、国家级规范汉字书写教育特色学校、全国青少年校园足球特色学校、全国体育工作示范校、上海市校园足球联盟首批联盟校、上海市行为规范示范校、上海市家庭教育示范校、上海市安全文明校园、上海市依法治校示范校、上海市"书法名家进校园活动"首批定点学校、上海市"篆刻进校园"试点学校、上海市体育传统学校、上海市公办初中强校工程实验校、杨浦区"新优质学校"、杨浦区艺术教育特色校、杨浦区中小学校德育工作先进集体、杨浦区中小学行为规范标兵校,杨浦区语言文字规范化示范校、杨浦区首批教师专业发展示范校暨见习教师规范化培训学校等荣誉称号。学校连续 16 年在杨浦区教育局办学绩效考核中被评定为"优秀"。

第二节　时代任务:"和美学校"的现实追求

上海市鞍山初级中学在 66 年的办学历史中,积淀了"人和校兴"的办学理念,并渗透到学校办学的方方面面,营造出风景秀丽,充满翰墨书香的文化氛围。2018年9月,学校成为"上海市公办初中强校工程实验校"。以此为契机,鞍初人愈加兢兢业业,脚踏实地,深度理解强校工程"办好每一所学校、成就每一名教师、教好每一位学生"的内涵,凝心聚智,创新实践。学校在改革创新中融合中华传统文化教育,营造"以和育人"的文化氛围,"和融而歌,和合共鸣"。

一、新时代对义务教育的发展要求

(一) 优质均衡发展的要求

在这个伟大的新时代,人民对教育的期望和要求日益提高,推进义务教育优质均衡发展是全社会的共同心声。

优质发展方面,学校教育需要注重内涵提升。在"互联网+"的助力下,学校要以更成熟的制度设计,为更多学生提供精准化、个性化、多样化的教育服务。这将有助于营造更加健康、更加多样、更具活力的教育生态,让每个学生都能够充分发挥自己的潜力。均衡发展方面,学校教育需要关注教育公平。办好每所学校,教好每一个学生,是办好让人民满意的教育的具体体现。学校应该以促进教育公平为使命,鼓励并支持每个孩子去追求自己的梦想,确保每个孩子都能享受到公平而有质量的教育,让每个孩子都能够在未来的世界中获得成功和幸福。

(二) 核心素养培育的要求

2016年,中国教育学会发布了《中国学生发展核心素养(征求意见稿)》。该文件指出,学生发展核心素养指学生应具备的、能够适应终身发展和社会发展需要的必备品格和关键能力。中国学生发展核心素养分为文化基础、自主发展、社会参与三个方面,综合表现为人文底蕴、科学精神、学会学习、健康生活、责任担当、实践创新六大素养①。

2022年,教育部发布了新版《义务教育课程方案》(以下简称《方案》),明确指出要培养学生的核心素养,强化课程的育人导向,并界定了每一门学科的学科核心素养及发展水平。根据《方案》的要求,学校教育要坚持素养导向,准确把握学生核心素养的内涵,设定教学目标,改革教学过程与教学方法,将立德树人的根本任务落实到具体的教育教学中。

(三)"双减"政策落地的要求

2021年,针对义务教育阶段学生过重的作业负担和过多的校外培训,从国家发展、民族振兴的战略高度,中央深改委审议通过、中办国办印发了《关于进一步减轻义务教育阶段学生作业负担和校外培训负担的意见》(以下简称"双减")。根据该政策,学校教育要减负增效,强化学校教育的主阵地,让学生有更好的学习体验,更好地回归校园。

"双减"政策的落地,需要立足课堂,打破固化的教学模式,构建高效人文的教学生态,确保学生学好学足。在教学内容和方法方面,要更加注重学生的个性化需求,鼓励探索不同的教学方法和手段,提高学生学习效率和兴趣。在教育生态方面,需要创造宽松、和谐的学习环境,让学生有更多的自由空间,发展个性和创造力。

---

① 核心素养研究课题组. 中国学生发展核心素养[J]. 中国教育学刊,2016(10):1—3.

二、建设"和美学校"回应时代要求

（一）"和美学校"的价值

如前文所述，义务教育的优质均衡发展、核心素养的培育、"双减"政策的落地，都要求学校首先要以育人为本，加强教育教学改革，坚持五育并举和核心素养导向，采用更加科学、有效的教学方法和手段，促进学生的全面发展。其次，学校要尊重每位学生的差异，提供多样化的教育服务，让每位学生都能得到平等的机会和资源，帮助每位学生发挥特长与潜能，实现优质均衡发展。第三，学校要关注学生的身心健康，通过课程、教学方式、教学环境等方面的改进，创造一个积极向上的学习氛围，提高学生的幸福感和满意度。

"人和校兴"是学校办学理念。"和"，指和谐、谦和，是儒家思想的核心，是事物发展的最高境界。围绕"和"字，学校形成了"和美学校"的办学理念，强调以"和"致"美"。《论语》中说："君子和而不同。""礼之用，和为贵；先王之道，斯为美。"因此，"和美学校"就是把和谐之美、美而和谐的教育思想，贯穿于学校建设的全方面和全过程，彰显人与人之和气，人与自然之和谐，人与社会之和美。为了回应新时代对学校教育提出的这些新要求，鞍山初级中学将"和美"文化融入到育人目标、学校课程、教学样态、师资队伍、管理方式中，培养"和而丰"的学生、建设并开展"和而智""和而特"的课程与教学、打造"和而异"的教师、实施"和而新"的管理，建设"和美学校"。

（二）"和美学校"的内涵

"和美学校"的"和"与"美"体现在学校的方方面面。

第一，"和美学校"精心培育"和"文化，努力追求"和"的教育品质，促进以"文"化人，致力于搭建和谐互促的办学生态，包括师生间互帮互助的氛围，以及管理、课程、师资、学生发展各方面工作相辅相成的环境，并以此提出教风、学风、特色三个层面的建设要求，从而实现学生发展"和而有长"、师资建设"和而不同"、学校管理"和而有新"。

第二，"和美学校"积极促进共同价值观下人际关系之"和"，追求师生和谐交往品质，鼓励学生互助互爱、团队学习，追求个体和整体的协调发展，通过价值引导人、氛围渲染人、精神激励人、课程培育人等路径，倾力经营有温度的学校，追求由"和"至心、由心至身、由己及人的办学境界。

第三，教师团结向上的风貌是"和美学校"的重要体现，是有效教学、管理和创新的前提，也是学生能够获得良好教育的关键。当教师在思想上、行动上形成共识，互相支持、帮助和鼓励，就能够有效地传递正能量，带领学生健康成长。

第四，"和美学校"有优美、文明、整洁、有序的校园环境，通过推进信息化、数字化校园建设，创新营建平安校园、节能校园、生态校园、和谐校园，充分发挥环境育人功能，使校园成为师生共同成长的精神家园。

第五，与社区街道紧密联系也是"和美学校"的体现。作为社会的一部分，学校应该积极参与社区事务，与社区居民建立良好的关系，为社区发展贡献自己的力量。通过与社区的互动、合作和交流，学生能够更好地了解社会，增强社会责任感，培养良好的公民意识。

总之，要办好"和美学校"，需要注重教育教学质量，构建和谐的师生关系，培养学生的创新能力，加强师德建设，加强学校环境建设。学校要不断践行向善向好的办学目标，通过优质卓越的教育举措，实现成人成才的育人目的。此外，"和美学校"不仅仅是学校内部的一种氛围和风貌，更是学校与社会、家庭和学生之间的和谐共处关系,因此学校要加强社区联系,注重家校合作。以上这些"和美学校"各方面的发展都需要学校领导和教育工作者的共同努力,才能取得良好的效果。

第三节 顶层设计:"和美学校"的实践框架

在建设"和美学校"的目标引领下,学校积极营造学生发展"和而有长"、课程教学"和而多元"、师资培养"和而不同"、学校管理"和而有新"的教育新生态(见图1-1)。近年来,学校通过"和美教育"的实践探究,形成了行之有效的规章制度和优良的作风、教风、学风,以"和美文化"的理念影响着学校的每一名师生。当下,学校已成为师生向往的温馨家园,学校教育春风化雨、润物无声;师生间传递着温暖与关爱;学校时时处处充盈着人文气息。

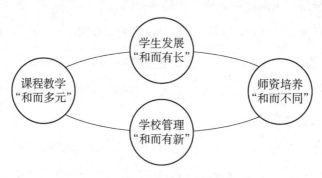

图1-1 "和美学校"落实框架

一、培养"和美学生"

秉承"人和校兴"的办学理念,学校确立了培养"和美学生"的育人目标。"和美学生"的特点是"和而有长,博能兼美",强调学校要培养学生和谐、全面、多元、创新的个性和能力。学校期望通过发展学生的个性和能力,培养具备大气谦和的内在气质,学有所长的个性化发展,博采众长和多元发展的国家未来建设者和接班人,使学生能达到"怀揣美好与世界相遇"的臻美境界。

(一) 和而有长

"和"指为人谦和、和谐发展,"长"指博采众长、学有所长。"和而有长"的学生能够成为具有大气谦和精神和创新实践能力的未来公民。

要培养学生的"和而有长",首先,学校要积极营造有温度的学校氛围,促进共同价值观下人际关系之"和",追求师生和谐的交往品质。通过和谐校园文化的营造,让学生浸润其中、和谐成长,逐渐形成为人谦和的品质。其次,学校要关注学生德智体美劳的全面发展,通过建设和实施全面的课程体系和丰富的校园活动,为学生提供多方面的学习经历,促进学生的和谐发展。再次,学校要基于学生发展的价值引领,通过多元的、合作的学习实践,着力营造有利于学生特长发展的"人和"学校生态,注重个体差异,让每个学生都能学有所长,实现自我价值。

(二) 博能兼美

"博"指博学、富有学识,"能"指"多能","美"指美好境界。"博能兼美"的学生能够成为博采众长和多元发展的未来公民。

　　要培养学生的"博能兼美"，首先，学校不仅要关注基础型课程的学习，更要兼容并包，探索跨学科、拓展型和探究型学习的设计与实施，让学生在各种各样的学习经历中汲取多方面的学识。其次，学校要注重培养学生面向未来世界的阅读力、运动力、审美力、实践力、沟通力、创造力，让学生在广学博览的基础上，能够融会贯通，在真实生活中应用自己的"博能"与"六力"，从而热爱生活、学会生活、发现自我、发展自我。最后，学校还要引导学生形成正向积极的价值观，引导孩子走向真、善、美的美好境界，在未来能够正确合理地应用自己的"博能"与"六力"。

二、建设"和美课程"

　　"和美课程"是培养"和美学生"的载体，具有"和而多元"的特点，在传授知识和技能的同时，注重学生个性化、多元化的发展。

　　建设"和而多元"的"和美课程"，首先，教师要注重培养学生的多种能力和综合素质，包括知识技能、思维能力、情感态度、社交能力等方面，而不是单纯追求知识的传递和掌握。其次，教师还应该注重学科之间的整合和互通，鼓励学生跨学科思考和学习，培养综合素质和创新能力。最后，教师需要根据学生的差异性和需求，采用不同的教学方法和手段，让学生体验到多样性和个性化的学习过程。

　　为了实现"和美课程"的建设，鞍山初级中学构建了"和思、和趣、和乐"的"三和"课程架构。首先，在"和思"基础型课程校本化落实中，贯彻落实基础型课程改革方向，同时不断根据学生的实际情况，调整课程难度，使每个学生都能够适应并接受。其次，在"和趣"拓展型课程特色化构建中，打造学校特色课程，为学生提供丰富多元的学习经历。最后，在"和乐"探究型课程多元化推行中，将不同学科的知识与技能相互融合,打破学科之间的壁垒,培养学生的综合思维和探究能力。

三、打造"和美教师"

"和美教师"是"和美课程"有效实施的重要前提,具有"和而不同"的特点。"君子和而不同,小人同而不和。"教师发展的"和而不同"指教师之间互相尊重,彼此包容,在承认、尊重、欣赏他人特点与个性的基础上,发挥自己的长处和优势,在愉悦共融的氛围中共同成长,形成丰富多彩、绚丽缤纷的教风和学风。

要打造"和美教师",学校就要着力营造有利于教师团队专业成长、转变教学方式、形成教学风格的"人和"教学生态,通过"和美课程"建设让教师实现角色转变,让教师聚焦学生、聚焦课堂、聚焦难题、聚焦数字化,展现出自己的教学风格和教育特色,多方位地体会到职业成就感、幸福感。在聚焦学生方面,学校将"关爱学生"作为师德培养的核心,强调教师要以仁爱之心为先,关注学生的发展和成长。在聚焦课堂方面,学校通过多维推进见习教师规范化培训和多阶梯推进系列展示课活动,进行教师梯度培养。在聚焦难题方面,学校形成"一二三四"校本研修机制,构建"3+1"培训模式,开发校本研修培训课程,让全体教师都能够受益。同时,学校制定制度,鼓励更多教师参与教育科研,增强教师的教育科研素养。在聚焦数字化方面,学校通过"云技术"教师全员培训、基于"云课堂"技术的数字化环境下的青年教师培训等,提高教师的数字素养。同时,学校基于"云课堂"技术开展公开教学实践展示课、基于学科的青年教师微课设计活动等,让教师在实践中提高自己的实践智慧。

四、实施"和美管理"

"和美管理"是"和美教师"通过"和美课程"培养"和美学生"的保障体系,具有"和而有新"的特点。管理既是一门科学,又是一门艺术。"和而有新"的管理是基于学校发展的价值追求,着力营造有利于学校内涵发展、创新发展、优质发展的"人和"校园生态。

学校管理"和而有新"的实现,需要从多个方面推动教育治理的整体性和协调性。第一,需要构建和谐、共识、协同的课堂文化和管理文化,营造创新、开放、合作的教育生态。第二,要建立民主、科学、透明的学校治理机制,充分发挥教师的主动性和创造性,激发学生的潜能和创新意识,实现学校内涵式发展。第三,还需要引进内外部资源,建立多元化、综合性的教育资源共享平台,提高教育教学质量,培养具有综合素质和创新能力的人才。第四,要加强家校沟通交流,共同关注学生成长,构建家校共育机制,实现全方位立体育人。以上这些措施需要整合、协调在一起,才能推动学校管理的协调发展,实现学校管理的"和而有新"。

第二章 和而丰：丰富经历与世界连接

好学校有一套好的课程。课程是办学理念落实的载体，包含目标、内容、实施和评价等要素。其中，课程目标服务于育人目标的实现，课程内容为学生提供丰富的学习经历，课程评价为课程实施效果提供反馈。

第一节　和美:让学生进入更加广阔的世界

"和美课程"的课程图谱设计与校徽相得益彰,形如一只展翅的雏鹰,亦似一本打开的书,其设计寓意在于,通过"和美课程"的学习体验,成为"和而有长"的鞍初学子,未来如雄鹰般展翅翱翔(见图2-1)。

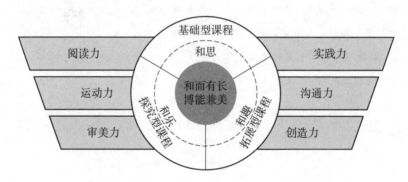

图2-1　鞍山初级中学"和美课程"课程图谱

一、课程顶层设计:让学生发现广阔世界

如图2-1所示,"和美课程"的顶层设计从内到外包含育人目标、实施路径和培养能力。

"和美课程"的育人目标是"和而有长,博能兼美",即以和谐发展为基础,全面发展学生的知识、技能和态度,培养具有大气谦和的内在气质,博采众长、多元发展的未来公民。这一目标体现了学校的教育理念和对于毕业生的期望。

　　"和美课程"的实施路径是"三和"课程架构,即"和思"基础型课程、"和趣"拓展型课程、"和乐"探究型课程。通过这三类课程的建设,让学生广泛接触各种知识和文化,以全球化的视野,探索和发现更广阔的世界,具备开拓进取、不断创新的精神和追求卓越的品质。

　　"和美课程"培养的能力包含"六力",即(阅读力、运动力、审美力、实践力、沟通力、创造力)。通过"六力"的培养,让学生博采众长、多元发展,在逐渐提高综合素质的同时,养成大气谦和的内在气质。

二、课程内容设计:丰富学生的学习经历

　　"和美"课程内容的设计依据《义务教育课程方案(2022年版)》,在课程类别和科目设置上结合上海市教委2022年度课程计划及其说明。课程类别分为国家课程、地方课程、校本课程三类。其中,国家课程按照义务教育"五四"学制进行安排,确保开全科目,开足课时,开好课程。地方课程引导学生了解上海的地域特征、历史文化、人文素养和未来发展,培养学生热爱家乡的情怀素养和建设家乡的使命感。校本课程进一步丰富国家课程和地方课程,同时开设符合本校特色和学生需求的课程。上述课程按照功能分类,分为基础型、拓展型、探究型课程,依据学生的学习需求,在语言与文学、数学、人文与社会、科学、技术、艺术、体育与健身七大学习领域中,不断优化形成三类课程的具体内容,丰富学生的学习经历(见表2-1)。

表 2-1　鞍山初级中学"和美课程"内容

学习领域＼课程	基础型课程	拓展型课程 限定性拓展	拓展型课程 非限定性拓展	探究型课程	
语言与文学	语文	写字(书法：翰墨流芳)世界名著欣赏	诗歌创作 悦读	在学校"和美课程"背景下，以学科探究为主。由各学科教师组织、指导学生共同选定探究项目或课题，进行相关探究活动	读书节主题教育 书法节主题教育
	英语	英语经典阅读	趣味英语 英语思维训练		/
数学	数学		数学思维体操 趣味数学 数学思维训练 业余电台		爱国主义教育月 生命教育月 安全法治教育月 心理健康教育月 家校合作课程(家长学堂)
人文与社会	道德与法治 历史 社会		记录我的家史 历史人物 舌尖上的邂逅 民防		
科学	物理 化学 生命科学 地理 科学	地生跨学科案例分析	生活中的化学 天文地理 生命科学探究 小小气象站 Microbit 创意设计 金属加工——平面小动物 陶艺 3D 打印 Flash 动画制作 音视频创新	我·发明家 气象家乐园跨学科探究性学习项目 同育联盟创新实验室课程(共享)	科技节主题教育
技术	劳动技术 信息科技				

课程 学习 领域	基础型课程	拓展型课程		探究型课程
		限定性拓展	非限定性拓展	
			媒体制作 Python 编程 设计	
艺术	音乐 美术 艺术		中阮入门 合唱 动漫画 书法篆刻创作 沙画	/　　艺术节主题教 育
体育与 健身	体育与健身	心灵体操 班班有足球 体育锻炼	跳踢 篮球 软排 足球 跆拳道 拳击 摔跤	/　　体育节主题教 育

　　在"和美课程"中,基础型课程总计 17 门。其中,语文和英语同属"语言与文学"领域,道德与法治、历史和社会同属"人文与社会"领域,物理、化学、生命科学、地理和科学同属"科学"领域。劳动技术和信息科技同属"技术"领域,音乐、美术和艺术同属"艺术"领域。拓展型课程分为限定性拓展和非限定性拓展两类。限定性拓展进入课表,非限定性拓展累计开设 36 门。探究型课程中,语言与文学、数学、人文与社会领域由各学科教师组织、指导学生共同选定探究项目或课题,进行相关探究活动。此外,在读书节、书法节、科技节、艺术节、体育节,爱国主义教育月、生命教育月、安全法治教育月、心理健康教育月等活动中,也会安排相关领域的主题教育。

第二节 和思：基础型课程的校本化落实

基础型课程是中小学课程的主要组成部分，注重通过各学科领域中基础知识的学习，培养学生的基础学力。鞍山初级中学基础型课程的实施以"和思"为主旨，强调基础型课程要注重培养学生的思维能力，引导学生在学习过程中开动脑筋、认真思考，在理解的基础上进行融会贯通，掌握学科知识与能力，形成学科核心素养，养成良好的思维习惯。

学校在"规范、适切、特色"的课程实施基础上，深入理解育人目标，梳理总结以往基础型课程校本化实施的经验，结合课程领导力实证和行动研究、作业攻关、地生跨学科联合教研等项目的推进经验，通过团队合作研修，进一步优化了"和思"基础型课程的校本化实施路径，明确了基础型课程的校本化安排、实施和评价。

一、基础型课程的校本化安排

(一) 落实基础型课程的改革

基础型课程改革是我国教育改革的一项重要举措，旨在通过对学科课程进行重组和整合，实现基础教育课程体系的统一化和科学化，其核心思想是根据学生的个体差异，因材施教，开展多元化的学习活动，使学生得到全面、平衡、可持续的发展。在基础型课程的教学中，除了要关注学科能力和学科核心素养的培养，还要关注德育目标和德育内容,并在备课、听课、评课、教研等各个教学环节中进行落实。学校采用五种方式,实施"和思"基础型课程,落实基础型课程的改革。

第一,理解和把握基础型课程改革的方向和要求。学校结合自身实际,了解和研究基础型课程的基本理念、目标、内容、方法、评价等方面,掌握其核心要素,进一步明确学校教育教学工作的方向和目标。

第二,梳理总结学校当前课程的情况,重视课程的规范化、适切化和特色化建设。学校针对学生的实际情况,根据课程改革的方向和要求,优化现有课程设置和教学内容,丰富课程资源,完善课程评价体系,使学生能够在全面发展的基础上获得更好的教育。

第三,深入理解育人目标和课程逻辑结构,确立和实施以核心素养为导向的大单元教学设计。学校根据学生的需求和特点,将课程内容整合成若干个大单元,采取问题导向的教学方式,引导学生积极主动地探究问题,强化学生的核心素养。

第四,结合校情,制定具有特色的课程方案。学校根据自身的特点,制定课程方案,注重课程的实践性和创新性,使学生能够在学习中得到更好的发展。

第五,建立完善的课程管理体系。学校通过建立课程评价体系,定期地评价和检查,及时发现课程存在的问题并纠正。同时对教师进行相关的培训和考核,提升教师的教学能力和专业素养。

(二) 基础型课程校本化设置

学校在贯彻落实基础型课程改革的基础上,针对学校的特色和实际情况,制定出一套适合本校的"和思"基础型课程校本化实施计划。

第一,根据学校的办学特点和学生需求,在总课时保持不变的前提下,对艺术、体育、信息技术等学科基础型课程的授课年段进行个性化调整，以满足学生个性化发展需求。

第二，注重实践教学环节，鼓励学生积极参与校内外实践活动，结合课程内容进行实践性学习，提高学生的动手实践能力和创新思维能力。

第三，结合本校实际情况，制定出符合本校特点和需求的国家基础型课程评价体系，包括教师评价、学生评价和校外评价等方面，以便更好地推进国家基础型课程的实施和提高教学质量。

第四，针对学校实际情况和师资队伍建设需求，开展适合本校的教师培训和专业发展计划，提高教师教学能力和专业素养，更好地贯彻落实基础型课程改革方向。

二、基础型课程的校本化实施

(一) 基于学生差异的因材施教

基础型课程改革的重要思想是根据学生差异，因材施教。"因材施教"是指根据学生个性差异，采用不同的教育方式和方法，开展多元化的学习活动，使学生得到全面、平衡、可持续的发展，满足学生的学习需求和发展需要，从而实现教育个性化。

鞍山初级中学基础型课程基于学生差异的因材施教，主要从以下四个方面展开：第一，制定个性化的教学计划。根据学生的知识水平、兴趣爱好、学习方式和个性特点等因素，制定个性化的教学计划，有针对性地进行教学安排，提高教学效果。第二，采用多样化的教学方法。不同的学生有不同的学习方式和方法，因此在教学过程中需要采用多样化的教学方法，如讲解、实践、探究等以满足不同学生的需求。第三,提供个性化的支持和帮助。不同的学生在学习上可能会遇到不同的问题和困难,因此需要提供个性化的支持和帮助。例如,针对不同学生的学习难点,提供专门的辅导和指导,帮助他们更好地掌握知识和技能。第四,注重个性化评价。针对不同的学生,评价方式也应该有所区别。在评价时需要考虑学生的实际水平和个性特点,采用多元化的评价方式,如口头评价、书面评价、实践评价等,来准确、客观地反映学生的学习情况。

(二) 基于核心素养的单元教学

在核心素养导向下,大单元教学设计是一种具有创新性和探究性的教学模式。大单元教学是以一个主题或问题为中心,结合学生的实际生活和社会实践,将多个学科的知识和技能有机地结合在一起,设计出具有挑战性和探究性的任务和活动,进行跨学科综合探究和实践活动的教学方式,有助于培养学生的跨学科素养和实践能力。

学校根据"大单元教学设计"的基本理路,让教师对学科的单元内容进行二次开发和整体设计。备课组首先观摩空中课堂,记述"教学目标、课堂活动、作业设计"等基本要素,形成观课实录和初步教案。然后,各教研组在教研组长带领下进行教学研究,设计单元整体教学活动。此外,每单元开展一次跨年级备课、跨教研组备课、跨校教研活动,每学期进行一次集体备课展示活动,让教师互相学习,优化自己的教学设计。

(三) 基于跨学科的项目化学习

跨学科项目化学习是一种多学科融合的学习模式,指在学科边界之间,将不同学科的知识、技能和思维方式整合到一个项目中进行学习和探究的过程。跨学科项目化学习通过让学生参与项目设计、研究,运用多种学科的知识和技能,解决真实的、具有挑战性的问题或任务,并呈现成果的全过程,培养学生的综合素养和跨学科思维能力。

学校主要采取联合教研的方式,探索跨学科项目化学习的设计和实施,实现学科的整合、资源的融合。首先,尝试以跨学科项目化案例分析为大主题,设置学期教研项目,将教研内容项目化。然后,在教研过程中设置一个话题、一个专题,进行教学设计并开展教学及教学评价,让学生以长作业、小报告、小论文等形式进行学习成果展示,作为学生综合素质评价的客观依据。

三、基础型课程的评价

"和思"基础型课程的评价通过定性与定量结合的方式,从学生和教师两个角度入手。学生方面,评价侧重于考查学生的表现,主要依据各学科的课程标准,关注学生在课程学习中所表现出来的学科核心素养、所使用的学习方式、学生在课程学习结束后取得的学习成果等。教师方面,评价侧重于考察教师的教学设计与实施,关注教师是否追求适切有效的课堂教学,是否使用启发式等教学方法引导学生自主学习、合作探究,是否培养学生的创新精神和实践能力(见表2-2)。

表2-2 鞍山初级中学"和思"课程评价方案

评价内容	(1) 学科课程标准中要求学生应具备的知识、技能、学科核心素养
	(2) 教师教学设计与实施
评价方式	(1) 作业设计:教师依据课程标准和学生水平,设计适合的作业,检验学生的学习结果
	(2) 学生作业评价与反馈:教师批阅学生作业,并进行反馈

	（3）阶段性分类质量分析:定期从班级、年级、学科以及学校整体四个维度进行质量分析
	（4）课堂观察:依据课堂教学评价表,对教师的教学设计和课堂教学进行评价和反思

（一）从学生表现的角度评价课程的效果

1. 作业设计与跟踪评估

"作业设计与跟踪评估"指通过设计作业让学生完成,跟踪和评估学生学习的过程。在这个过程中,教师首先要依据课程标准,设计适合学生的作业,然后对学生的作业进行反馈,帮助学生了解自己的优点和不足,从而反思、优化课程的设置和教学方法的使用。

在作业设计环节,以备课组为单位,各学科教研组长统筹,根据教学目标、教学重难点,开展以"和美课程"为背景的"有效作业设计"研究。即除基础作业外,教师还根据学生的学情,设计提高性、拓展性和探究性作业(或长作业),供学生自主选择,以适合不同学力层次学生的需求,提高作业设计的针对性和有效性。在作业反馈环节,以教研组为单位,进行作业的检查反馈、个性化批阅,并结合教师评价、学生自评、学生互评进行多元化的作业评价。

2. 阶段性分类质量分析

在每学期结束后,学校会开展阶段性分类质量分析,评估学校教育教学质量,包括对各班的质量分析、对年级的质量分析、对本学科的质量分析以及对学校整体的质量分析。

对各班的质量分析由各班的授课教师完成。通过分析每个班级的成绩、作业完成情况、考试表现,分析各个班级之间的差异性,确定每个班级的优劣势,进而提出改进措施和目标。

　　对年级的质量分析由备课组完成。通过分析年级内各班的成绩、考试表现、教学质量等方面,对年级整体的教育教学质量进行评估,并提出针对性的改进措施。

　　对学科的质量分析由学科教研组完成。通过分析学科的教学计划、教材使用情况、教学方式、考试内容和难度等,评估该学科的教育教学质量,并提出相应的改进措施。

　　对学校整体的质量分析由教导处完成。通过分析学校的教学设备、师资力量、课程设置、教学管理等方面,对学校整体的质量进行评估,为学校的教育教学改进提供有力的参考和指导。

(二) 从教师教学的角度评价课程的效果

　　以上海市学业质量绿色指标为引领,结合学业质量绿色指标中与教师教学相关的指数,学校制定了教师的基础型课程教学评价指标(见表 2-3)。

表 2-3　课堂评价表

基于"绿色评价"的教学行为——课堂文化评价表						
课题＿＿＿＿　执教者＿＿＿　年级/班级＿＿＿　日期＿＿＿　填表人＿＿＿						
项　目	主　要　指　标	频数/表征	等　级			
			优 (85)	较好 (75)	尚可 (65)	较差 (50)
教学方式 指数维度	● 设置学生自主学习的时间与空间					
	● 请学生/教学生进行质疑					
	● 有针对性/渗透性的学法指导					
	● 展开有序的学习活动/设计丰富的学习工具					

项　目	主　要　指　标	频数/表征	等　级			
			优 (85)	较好 (75)	尚可 (65)	较差 (50)
	• 由学生自己说明易学能懂的知识					
	• 利用当堂学习信息生成教学					
	• 组织参与度高且有效的小组探究					
	• 以副板书记录学生信息并恰当应用					
师生关系 指数维度	• 提问面向全体/不同层次学生					
	• 学生自愿/积极应和教师提问					
	• 及时向学生反馈和分析学情					
	• 注意并适时干预学生课堂情绪					
	• 发现和扶持学生的多元智能表现					
	• 师生分享各自的情感/体会/观点/思路					
	• 随机进行各种"即时评价"					
	• 允许学生发表个人见解和保留不同看法					
学习动力 指数维度	• 设计实施特定的激疑激趣任务或环节					
	• 预设/开发/引入课外资源					
	• 教师彰显发挥自己的能力倾向或教学优势					
	• 适当教习和组织"生-生评价"					
	• 捕捉学生的 IQ/EQ/SQ 闪光点并昭告					
	• 根据教学任务创设相应情境					
	• 教学任务关照学生经验和体验					
	• 新课程第三维目标有设定与达成					

项　目	主　要　指　标	频数/表征	等级			
			优 (85)	较好 (75)	尚可 (65)	较差 (50)
对完善本课的建议			总评分：			

在基础型课程每章节或每课时教学结束,教师都使用上表,对课堂教学中存在的问题或新的发现、突发的创意思想进行反思总结,撰写教学反思评价。对于教学评价中涌现的优质课,学校以录播或现场展示、区域间交流、推荐参加市区级重大竞赛、教师教学绩效考核中倾斜的形式激励教师提高课堂有效教学。

(三) 开展学生满意度调查反思课程设计

学校定期开展学生满意度调查,从课程内容、教学方法、师资力量、学习氛围、教学资源五个方面,了解学生对"和思"基础型课程的满意度和反馈,帮助教师了解学生的需求和期望,为教学改进提供参考和指导。

(1) 课程内容:课程内容是否丰富、深入,是否能够满足学生的学习需求和兴趣,是否有足够的挑战性和启发性。

(2) 教学方法:教学方法是否灵活多样、生动有趣,是否能够激发学生的学习兴趣和积极性,是否能够帮助学生理解和掌握知识。

(3) 师资力量:授课教师的素质和教学能力,包括知识水平、授课能力、互动能力、专业精神等方面的表现。

(4) 学习氛围:课堂学习氛围是否积极、轻松、愉悦,是否有足够的互动和交流,是否能够创造良好的学习氛围。

（5）教学资源：教学资源是否充足、优质，包括教学设备、教材、参考资料等方面的准备情况。

第三节　和趣：拓展型课程的特色化构建

拓展型课程注重在基础型课程所涉及的学科领域中，拓展学生的知识与能力，开阔学生的知识视野，满足学生的学习需求。鞍山初级中学拓展型课程的设计以"和趣"为主旨，强调拓展型课程的设计要契合学生的需求，通过设计有趣的课程内容和实施方式，激发学生学习兴趣，让学生在主动、探究、合作的学习中获得个性化的发展。

学校在深化"长短课程设计""体育艺术专业人员引入""集团特色课程共享""校本网上选课平台研发""家校社区课程共建""多元课程学习评价方式研训"等课程运维策略的基础上，开展"文理综趣体验工坊"二期建设，以构建校本特色课程为思路，着力探索"和趣"拓展型课程的特色化设计、实施与评价。

一、拓展型课程特色化设计

（一）课程目标

随着时代的发展和社会的进步，教育将更多的关注点放在学生的综合素质培养上。为此，学校不断探索和创新，设置"和趣"拓展型课程，培养学生的独立思考和实践能力，帮助学生发现问题、提出问题、探究和解决问题。同时，"和趣"课程通过设置趣味性的内容,开展项目化的合作学习,激发学生的好奇心、求知欲和创新意识,培养学生的团队合作能力。

(二)课程内容

"和趣"拓展型课程分为"限定性拓展型课程"和"非限定性拓展型课程"两类(见表2-4)。

表2-4 鞍山初级中学"和趣"拓展型课程设置表

类别			课程	开设年级	说明
限定性拓展型课程			写字(书法:翰墨流芳)	六、七、八	1. 限定性拓展型课程为必修课,采取整班上课的形式。 (1)六、七年级每周安排1节体育锻炼课和1节"班班有足球"系列足球校本课程,八年级每周安排1节"班班有足球"系列足球校本课程,九年级每周安排2节体育锻炼课。 (2)六、七、八年级每周安排1节写字课("翰墨流芳"系列书法校本课程)。 (3)七年级每周安排1节区本教材"心灵体操"课。 (4)九年级每周安排1节"英语经典阅读"课、1节"世界名著欣赏"课和1节"地生跨学科案例分析"课(午会课时间)。六年级每周安排1节"英语经典阅读"课。 2. 非限定拓展型课程为学生自主选修课程,采取走班上课的形式。全校共开设36门个性化课程,每周五下
			心灵体操	七	
			班班有足球	六、七、八	
			体育锻炼	六、七、九	
			英语经典阅读	六、九	
			世界名著欣赏	九	
			地生跨学科案例分析	九	
非限定性拓展型课程	学习领域	语言与文学	诗歌创作	六、七	
			英语影视鉴赏	六、七	
			Short stories for comprehension	七	
			英语趣配音	六、七	
			影视鉴赏与写作	六、七	
			悦读	六、七	
		数学	数学加油站	七	

类别		课程	开设年级	说明
		数学思维风暴	六、七	午第二节课设置 1 课时。为让学生能够参与到广泛而多元的课程学习领域中去,学校要求学生在六、七年级时选修的课程不少于 4 个学习领域。拓展型课程有长课程(16 课时)与短课程(8 课时)之分,学校将长短课程进行搭配整合,使学生可以涉猎更多的学习领域。为了满足不同层次学生的学习需求,学校在师资队伍建设上,除了培养校内专业教师团队,还借助集团、联盟、家长、社区等外部资源,进一步丰富课程内容,优化课程结构。
		数学思维训练	六	
		业余电台	六、七	
	人文与社会	民防	六、七	
		记录我的家史	六、七	
		集邮	六、七	
	科学	DIS 实验室	六、七	
		天文地理	七	
		绿之社	六、七	
		Flash 动画制作	六、七	
		蛋雕	六、七	
	艺术	合唱	六、七	
		书法创作	六、七	
		沙画	六、七	
	体育与健身	乒乓球	六、七	
		篮球飞人	六、七	
		跆拳道	六、七	
		拳击操	六、七	
		快乐足球	六、七	

(三) 课程管理

"和趣"拓展型课程的管理涉及资源整合、制度制定、师生培训、考核机制、协作机制五个方面,对课程的一体化实施进行有效的组织和领导,以保证教育教学质量和学生综合素质的全面提高。

第一，学校整合各科资源，为"和趣"拓展型课程提供必要的支持。例如政史地生学科教研组设计整合长作业指导手册、长作业评价机制及学生优秀作品集。

第二，制定一系列规范管理制度，如课程设计、实施计划、评估方案、课程改进等，以保证课程顺利开展。例如通过校本化长短课程相结合的形式，丰富课程内容、学习形式、评价方式，多维促进学生身心发展。

第三，针对教师和学生的需要，开展相应的培训，提高他们的教学和学习能力，以便更好地推进课程实施。

第四，建立科学合理的考核机制，对学生和教师的表现进行评估和反馈，推动课程不断发展和改进。例如，地生跨学科教学研究在地生跨学科交叉点框架搭建基础上，关注主题教学设计、积累案例，通过区级及跨区的展示交流活动，分享"执行长制"学科管理经验，辐射跨学科教学成果。

第五，建立学生、家长、教师之间的协作机制，加强沟通交流，形成良好的学校教育生态，共同推进"和趣"拓展型课程的实施。

二、拓展型课程特色化实施

(一) 限定性拓展型课程："翰墨流芳"书法特色课程

限定性拓展型课程"翰墨流芳"是鞍山初级中学的书法特色课程，入选市教委公布的首批立项 100 门"中国系列"课程，并在辽阳中学教育集团进行"跨校走课"式的共享。

"翰墨流芳"课程的目标是让学生体验、感受和了解中国的书法国粹，弘扬中国优秀的传统文化与艺术，引导学生习字习德行、品字品人生，立"清雅直"之品格，养"心正气和"之性情。具体的培养目标和表现见表 2-5。

表 2-5 "翰墨流芳"课程的培养目标与具体表现

培养目标	具体表现
书法作品赏析	了解历代著名书法家和他们的书艺成就、历史地位 初知书法发展历史轨迹,激发学生继承和创新书法艺术的愿望 通过书法艺术赏析和书法文化熏陶,提高审美情趣和人文修养
学会书法技艺	正确使用毛笔,会正确工整地书写汉字,表现出一定的美感,并有相应的力度变化和速度变化 掌握学习书法的基本方法,做到学以致用,较好地反映在书写上,并能服务于社会
传承书法文化	定期参加校外行走课程和对外书法交流活动,参观博物馆,参与社区文化建设等活动 在书法学习的过程中,感受中国传统文化的博大精深
弘扬中华文明	在书法学习的过程中,形成热爱祖国、弘扬中华文明的思想感情和责任意识

"翰墨流芳"课程总计 30 课时,包含"走进中国的文房四宝""汉字的起源与演变""永字八法""重阳敬老写'寿'字""迎新纳福写'福'字""感恩写'爱'字",以及"中国十二生肖"等七个章节(见图 2-2),在两个学期内完成。

图 2-2 "翰墨流芳"书法校本课程结构

"翰墨流芳"课程的课堂教学分为"两个环节,四个部分",让孩子用善于发现美的眼睛,"怀揣一份美好"。

"两个环节",指每节课设置两个环节,一是汉字文化内涵解析,二是临习。首先,教师对汉字的文化内涵进行解析,将写字教学的内容从注重表面的"技",转向注重内在的"道"。通过讲解写字背后的文化内涵,让学生在生动的文化故事中提高认识、开阔眼界,培养学生的写字审美情趣,激起学生对汉字书写的兴趣,改善学生书写状况。然后,教师指导学生进行临习,系统训练书法的技法,并提供丰富的学习资源和个性化的专业指导。同时,要求教师注意收集学生的平日作业,记录学生的点滴变化。

"四个部分",指每节课分为赏析、练习、交流、评价四个部分。"汉字文化内涵解析"环节即为赏析部分。"临习"环节分为"练习、交流、评价"三个部分。学生在临习过程中,先临摹教师精心遴选的名家作品,在教师个性化的指导下,提升书写技能。在交流环节中,学生在临习环节用心创作的基础上,用恰当的语言表达创作理念。在评价环节中,通过生生互评和教师评价,学生进一步相互学习,提高鉴赏水平、审美能力和追求真善美的情趣。

除了课堂教学外,"翰墨流芳"课程更注重社会实践互动,让孩子"与世界相遇"。课程将书法与学校的各种健康有益的活动及校园文化建设有机地结合起来,如:作品评比活动、参观考察活动、社会实践活动、主题教育活动、暑期夏令营活动、书法社团活动等。在这些活动中,学生逐渐养成谦和有礼的礼仪风范、沉静坚毅的意志品质、博学睿智的个人涵养,以及热心为公的公益精神和身体力行的实践能力。

(二) 非限定性拓展型课程:"诗歌创作"

非限定性拓展课程"诗歌创作"的教学目标是:学会使语言更简洁凝练;学会

通过意象营造深远的意境;学会通过句式和换行表现诗歌的韵律。通过赏析与朗读感受诗人的思想情感;通过想象与讨论,品味语言的简洁凝练以及诗歌深远的意境;通过仿写与创作提升现代诗创作能力,感悟诗人的思想情感,激发对现代诗创作的兴趣与热情。其中,学会使语言更简洁凝练;学会通过意象制造深远的意境;学会通过句式和换行表现诗歌的韵律是教学重点。通过仿写与创作提升现代诗创作能力是教学的难点。

　　"诗歌创作"课程以社团课的形式开展,一周上一次课,每学期12课时,课时安排如表2-6所示。

表2-6 "诗歌创作"的课时安排

周数	课堂教学内容	课堂实践内容	作业布置
1—2	现代诗理论教学	无	创作一首零基础的诗歌作品
3—4	一、赏析所选的诗歌范本 二、分析上一次学生的仿写作品	仿写诗歌的一句话或是一小节	(1)养成持续读诗的习惯 (2)课堂完成不了的仿写,回家继续完成
5—6	一、分析上一次学生的仿写作品 二、赏析所选的诗歌范本 三、词汇与语言训练	专注一个角度进行专项的实践训练	养成持续读诗的习惯
7	赏析所选的诗歌范本	仿写一首完整的诗歌	(1)养成持续读诗的习惯 (2)课堂完成不了的仿写,回家继续完成
8—11	一、分析上一次学生的仿写/主题原创作品 二、根据给定主题做适当的举例分析	给定主题,学生进行主题原创的现代诗创作	(1)养成持续读诗的习惯 (2)课堂完成不了的仿写,回家继续完成

周数	课堂教学内容	课堂实践内容	作业布置
12	一、分析上一次学生的主题原创作品 二、期末总结	上交期末最终/最满意的诗歌作品，对比自己的首次作品，自我总结	养成持续读诗、写诗的习惯

"诗歌创作"的实施包括诗歌鉴赏、创作训练两个阶段。

在诗歌鉴赏阶段，教师结合优秀的诗歌范本，重点讲解其语言的表达效果，增加学生对语言的敏感性，提高他们的语言审美。然后，教师通过对诗歌中意象的梳理，找出其共通性，并分析其蕴含的情感，把握诗人营造的意境与思想情感。最后，学生通过开放式的讨论交流，表达对诗歌的直观感受，并在不同形式的朗读中读出诗歌的节奏感与韵律，感受诗歌这一文学体裁的独特魅力。当鉴赏诗歌时，学生可以说出自己对诗歌的喜爱之情，也可以说自己不喜欢这一类的诗歌风格。

在创作训练阶段，教师首先让学生在赏析完诗歌的基础上，进行仿写，并根据老师的建议进行完善。随后，教师开展定期的语言、句式和意象训练，提高学生的语言敏锐度和中文词汇量，从而为学生脱离仿写，逐渐形成自己原创的诗句做好铺垫。最后，教师鼓励学生摆脱框架，激发他们的创作兴趣，培养学生观察生活的习惯，进行自由的创作，拥有自己独特的写作风格。学生也可以进行互评，给出对其他同学作品的评价。此外，教师还鼓励学生积极投稿，包括社团的诗集、学校的校刊以及校级以上的诗歌比赛与活动等，这样更有利于激发学生的创作热情，施展他们的才华。

三、拓展型课程的评价

（一）从学生表现的角度评价课程的效果

对学生拓展型课程学习成效的评价采用多元评价，在评价方式上，结合结果性评价和过程性评价，评价主体上，结合学生自评、生生互评、教师评价（见表2-7）。

表2-7　鞍山初级中学"和趣"课程评价方案

评价内容	(1) 参与程度：主动、积极地参与每一次活动；形成自己的作品；有浓厚的兴趣
	(2) 合作探究：善于思考、勇于表达，主动承担分工与任务，热心帮助他人，有团队意识
	(3) 拓展能力：能够观察和思考，能够发现、提出问题，能够通过多种方法解决问题，能运用所学知识与技能完成作品或进行成果展示。通过课程的测评或展示评价
	(4) 其他：附加评价内容由拓展课教师根据课程特点自主安排
评价方式	(1) 学生自评：学生根据各课程学生评价量表进行自我评价
	(2) 生生互评：合作小组组内互评、组间互评相结合
	(3) 教师评价：教师通过观察、引导和记录学生及合作小组在学习过程中的情况，以定量（评价量表）与定性（简短的个性化评语）相结合的方式对学生进行综合评价

在结果性评价方面，每门拓展型课程制定不同的评价计划，采取考试、小组研究课题、课堂表演、演讲等多种形式，对学生的课程学习进行评价。评价结果一般采用等第制，合格及以上者可以在管理平台上获得相应的学分。如果达到优秀与良好，将根据学校有关规定，给学分乘以相应权重，作为每学期学生各项评优以及推优的参考分。

在过程性评价方面,主要考查学生在课程中的参与程度以及在学习过程中所表现出来的合作能力、创新能力、学习态度、探究能力。具体的操作由学生、教师根据学习过程表现评价量规(见表2-8)进行自评、互评和师评。

表2-8 学习过程的表现评价量规

姓名:_____ 班级:_____

指标\等级	评价等级及标准			评价方式		
	A[8—10]	B[5—7]	C[0—4]	个人自评	组内评价	教师评价
参与程度(10分)	认真思考发言,积极参与讨论与交流	能发言,有参与讨论与交流	少有举手发言,较少参与讨论与交流			
合作情况(20分)	团结合作,在小组中起领导作用,吸收接纳并能给出建议,帮助其他小组成员,贡献大	帮助协调,推动整个小组的工作,鼓励其他成员。工作至最后一刻,对最终成果有一定的贡献	参与了讨论、工作,并对最终成果进行了评价,对评价过程只是旁观			
创新情况(30分)	学习中有明显的创新意识,且制作的作品有创意、有特色	学习中有一定的创新意识	学习中能开始培养创新意识			
学习态度(15分)	能刻苦钻研、积极主动交流、思考回答问题,努力争取最出色地完成任务	能认真听讲,参与交流,努力完成自己的任务	能认真听讲,在同伴帮助下完成任务			

指标＼等级	评价等级及标准			评价方式		
	A[8—10]	B[5—7]	C[0—4]	个人自评	组内评价	教师评价
自主探究（25分）	有强烈的求知欲，不断提出许多与任务相关的问题，并努力寻找答案。能在遇到问题时独立寻找解决办法，不放弃	能够提出与主题相关的问题，希望找到答案。能在遇到问题时自己进行探究或与同伴讨论寻求解决途径	能提出问题，但有时偏离主题或不作进一步的思考。能对遇到的问题进行一些探究，但缺乏毅力，喜欢依赖同伴			
合计						
总评分						

备注：每项指标按"A、B、C"三等级分别评分；每项的综合得分按"自评0.3＋他评0.3＋师评0.4"的公式计算；总评分为各项指标的综合得分的总和。

案例2－1　"快乐足球"课程评价结果及反思

一、评价结果

在"快乐足球"课程的实施过程中，学生表现出了积极的参与度、明显的技能提升、良好的团队合作能力和身体素质的提高。

第一，学生在课程中表现出了积极的参与度。课程设置了丰富多样的足球活动，如基本技能训练、比赛对抗、足球小游戏等，激发了学生的兴趣和热情。学生们热衷于参与各种活动，积极投入到课程中，展现出了对足球的浓厚兴趣和热爱。

第二，学生的技能得到了明显的提升。通过系统的技能训练和反复的练习，学生们的足球技能得到了显著的提高。他们在传球、射门、控球等方面的表现越来越熟练，技术动作更加规范，足球意识也得到了培养和提升。这不仅增强了学生的自信心，还为他们今后进行更深入的足球学习奠定了基础。

第三，学生们在课程中培养了良好的团队合作能力。足球是一项团队运动，课程注重培养学生的团队协作精神和合作意识。通过分组训练和比赛对抗，学生们学会了相互配合、相互支持，形成了良好的团队氛围。他们学会了倾听队友的建议，学会了为了团队的胜利而努力奋斗，这对于他们今后的学习和生活都具有重要的意义。

第四，学生们的身体素质也得到了提高。足球是一项需要较高身体素质的运动，通过"快乐足球"课程的实施，学生们的身体素质得到了明显的提升。他们的耐力、速度、灵活性等方面都有了显著的改善，身体健康水平得到了提高。

二、课程实施反思

尽管"快乐足球"课程在学生表现方面取得了一定的成效，但仍然存在一些问题需要进行反思和改进。

首先，课程内容的设置可以更加多样化和丰富化。虽然课程中设置了基本技能训练、比赛对抗和足球小游戏等活动，但仍然可以进一步拓展课程内容，引入一些足球文化、足球战术等方面的知识，提高学生对足球的认知和理解。

其次，课程的教学方法可以更加灵活多样。尽管课程注重技能训练和团队合作，但仍然可以通过引入一些趣味性的教学方法，如足球视频分析、足球故事分享等，激发学生的学习兴趣和主动性。

最后，课程的评价方式可以更加全面和科学。除了从学生表现的角度进行评价外，还可以引入一些客观的评价指标，如技能测试、身体素质测试等，以便更加客观地评价学生的学习效果。

（撰写：周晨）

（二）从教师教学的角度评价课程的效果

对"和趣"拓展型课程的教师教学评价主要考察教师的教学设计、指导能力、互动与反馈、评估与反思、教育效果，通过教导处统筹对教师进行评价、教师基于评价量表和问卷进行自我评价、学生通过问卷或座谈进行评价的方式进行。

（1）教学设计：教师是否充分准备和设计好课程的内容和形式，是否能够符合学生的需求和兴趣，并能够让学生参与其中。

（2）指导能力：教师是否能够针对学生的需求，进行有效的指导，引导学生思考和解决问题，促进学生的成长和发展。

（3）互动与反馈：教师是否能够与学生进行有效的互动，并及时给予学生反馈，帮助学生纠正错误和改进表现。

（4）评估和反思：教师是否能够制定合适的评估标准，并能够对学生的表现进行客观的评估，同时也要能够自我反思和不断改进自己的教学方法和策略。

（5）教育效果：教师是否能够帮助学生达到课程的学习目标和培养学生的能力，同时通过教育效果的评估，不断优化和改进课程设计和教学方法。

案例 2-2　"诗歌创作"课程评价案例

一、初中生现代诗创作评价表的制定

为了方便学生进行自查，完成自己现代诗作品的修改，教师针对初中生，参考《义务教育语文课程标准（2011 年版）》和部编版语文教材和教学参考用书，制定了现代诗歌创作评价表。

基础项目名称(10分制)	评价标准			得分
	优(9—10)	良(7—8)	合格(5—6)	
1. 现代诗的句式换行与整体结构(20%)	1. 符合现代诗的基本结构,换行恰当 2. 句式多元,节奏鲜明	1. 符合现代诗的基本结构,换行较恰当 2. 句式比较多元,节奏较鲜明	1. 不符合现代诗的基本结构,换行不恰当 2. 句式单一,节奏不鲜明	
2. 现代诗的意象与意境(30%)	1. 意象运用合理,有整体意识 2. 意境深远,画面充盈	1. 意象运用较合理,较有整体意识 2. 意境较深远,画面较充盈	1. 意象运用不合理,无整体意识 2. 意境浅显,画面单调	
3. 现代诗的词汇与语言(30%)	1. 汉语词汇量充足丰富 2. 语言凝练精准 3. 合理运用修辞等技巧	1. 汉语词汇量较多 2. 语言简洁 3. 较为合理地运用修辞等技巧	1. 汉语词汇量略缺乏 2. 语言冗长 3. 修辞等技巧的运用有待提高	
4. 现代诗的思路与情感(20%)	1. 运用联想与想象,思维丰富多样 2. 真情实感,具备一定的抒情性	1. 运用联想与想象,思维较丰富多样 2. 有自己的感悟,比较具备抒情性	1. 较欠缺丰富的思维 2. 不具备抒情性,缺乏真情实感	

附加项目名称(最高2分)	评价标准			得分
	优(10)	合格(5)	不合格(0)	
1. 诗歌的押韵与韵律(50%)	1. 能做到诗句末字部分押韵 2. 整体朗朗上口,富有节奏韵律之感	1. 有一定押韵意识 2. 整体比较朗朗上口,比较有节奏韵律之感	1. 不能做到诗句末字押韵 2. 整体缺乏节奏韵律之感	

附加项目名称(最高2分)	评价标准			得分
	优(10)	合格(5)	不合格(0)	
2. 诗歌的创意(50%)	1. 具有一定的创新意识 2. 表达有新意	1. 比较有创新意识 2. 表达较有新意	1. 没有创新意识的体现 2. 表达没有新意	

二、现代诗创作评价表的运用

许同学创作了一首原创诗歌：

《逝去的人生》

人的一生就像一根火柴，

用微弱的火光把周围照亮。

火柴虽已熄灭，

但是火光在心间永存。

人的一生就像一张纸，

他禁不起风吹雨打

也禁不住画笔的反复涂鸦。

即使细心呵护

随着时间的流逝

终究会有疏忽。

人的一生就像一簇烟花，

从绽放到凋零

也不过在转眼之间。

时间在不知不觉中逃窜，

等到察觉之时

唯有后悔……

许同学的这首诗结构工整，很符合现代诗的形式，在换行和结构上，没有任何问题。句式上三段的第一句都运用了结构相同的排比句，每一段余下的部分又运用了新的句式，尤其是连词的运用很是加分，比如许同学运用了"虽……但……""即使……终究……"以及"等到……之时，唯有……"，很好地将前后两者建立了联系，许同学在第一个板块中的得分相当可观，结合这个板块20%的比例，拿满分10分即换算为总分2分。

在第二项"意象与意境"中，许同学罗列的意象有"火柴""纸"与"烟花"，三者是比较趋于并列的，运用了比喻和排比，且它们的共通性都是转瞬即逝，火柴用过一次便不能再使用，揉过的纸团很难抚平，烟花更是绚烂一时、昙花一现的代表事物，许同学由此展开了对人生和时间的感叹，因而意象运用得是很合理的。但是相比较而言，意境是比较浅显的，基本就是字面的浅层意思，并没有使读者延伸出去的想象空间，这一点有待提高，因此综合来看可以打7分，折合30%的占比，就是2.1分。

从第三项"词汇与语言"的角度来说，诗歌整体语言十分优美，且部分词汇的运用能体现一定的词汇量，比如"涂鸦""一簇""凋零"等等，对于六年级同学来说还是可圈可点的，尤其是时间"逃窜"这个动词用得十分精准，塑造出一个不迎合任何人且转瞬即逝的活泼形象。但诗歌整体抒情较多，描写偏少，这一点还可以再作提高。总体可以给9分，折合30%的占比，就是2.7分。

在第四项"思路与情感"中，许同学将自己对人生的感悟通过诗句表现了出来，有一定抒情性，但诸多词句都是在表现时间流逝的自然规律，自我的真实情感略缺失了一些,可以思考如何将自己的情感或经历融入诗中,表现自己的独特之处。从写作思路来说,诗歌的思路是非常清晰的,能从人生与时间联想到三个具有同样特点的事物,但思维的跨度还不是很大,建议更大胆一点去发散自己的思维,不用拘泥于简单的哲理叙述。这个板块可以给 8 分,折合 20% 的占比,就是 1.6 分。

在最后的附加分中,许同学这首诗的节奏韵律属于中等水平,在部分语句中,还可以加标点符号增加停顿,从而提升韵律,比如"随着时间的流逝/终究会有疏忽"改为"随着时间的流逝/终究,会有疏忽"会不会更好一些呢?根据附加分的标准,该项可得 5 分,按照附加分总分 2 分的 50% 的占比,即得 0.5 分。本诗聚焦的主题是人生与时间,使用的素材并不具备新意,没有眼前一亮的感觉,在表达上也没有极为出色的加分项,因而最后这个板块就不加分了。

综上,我们将每个板块的分数相加可以得到总分为 8.9 分的好成绩,已经可以说是在六年级学段中,非常不错的诗歌了。由于诗歌评价也存在一定的主观性,所以老师的评价也仅作参考,学生也可以用这张评价表进行自查或互评,去综合考量自己的整体水平与阶段性的进步。回顾许同学参加诗歌创作社团的第一次作品,对比来看进步已经很大了,作为教师也要不吝啬赞美,给予鼓励和肯定。

（撰写:严天）

(三) 开展学生满意度调查反思课程设计

学校定期开展学生满意度调查,从课程设置和安排、教学方法和效果、师资力量、学习氛围、教学资源五个方面,了解学生对"和趣"拓展型课程的满意度和反馈,帮助教师了解学生的需求和期望,为教学改进提供参考和指导。

(1) 课程设置和安排:评估课程设置是否符合学生的兴趣,是否能够满足学生的学习需求,课程安排是否合理,是否充分利用了课堂时间,让学生在探究中得到充分的锻炼和体验。

（2）教学方法和效果：评估教学方法是否生动有趣、灵活多样，是否能够激发学生的兴趣和参与度，教学效果是否显著，是否能够提高学生的综合能力。

（3）师资力量：评估授课教师的素质和教学能力，包括知识水平、授课能力、互动能力、专业精神等方面的表现。

（4）学习氛围：评估课堂学习氛围是否积极、轻松、愉悦，是否有足够的互动和交流，是否能够创造良好的学习氛围。

（5）教学资源：评估教学资源是否充足、优质，包括教学设备、教材、参考资料等方面的准备情况。

第四节　和乐：探究型课程的多元化推进

探究型课程注重学生在教师的指导下，通过自主探究的学习方式，获得和应用知识、探究和解决问题。鞍山初级中学的探究型课程以"和乐"为主旨，强调探究型课程的设计要引起学生探究的乐趣，通过学科交叉、跨界融合，以项目为基本形式，以学生为中心，让学生乐于探究，并在探究中有所收获。

一、探究型课程的多元化设计

"和乐"探究型课程分为学科探究、文理综合学习探究、跨学科探究三类（见表2-9）。

表 2-9 "和乐"探究型课程内容

探究类别	课程名称
学科探究	思维探趣(简便运算、容斥原理、图形的运动、直角坐标系与生活、"平方和"等式宝塔的构建、特殊一元高次方程的解法) 文化探趣(Healthy eating、Festivals in China、Signs and rules、The natural elements、Penfriends、Travel) 科学探趣(反射的奥秘、发现生活中的化学问题、电的世界——测定小灯电功率、化学与社会)
文理综合学习探究	"文理综趣"体验工坊
跨学科探究	气象乐园

学科探究分为思维探趣、文化探趣、科学探趣三类。思维探趣侧重数学领域,文化探趣侧重语言与文化领域,科学探趣侧重科学领域。

文理综合学习探究以"文理综趣"体验工坊的形式呈现,涉及语言与文学、科学、人文与社会、体育与健身领域。

跨学科探究以"气象乐园"为主题,综合语言与文学、数学、科学、人文与社会领域。

二、探究型课程的多元化实施

(一) 学科探究:在日常教学中以课题研究的方式进行渗透

学科探究项目由教师在日常教学中适时渗透,做到人人参与(见表 2-10)。学科教师每周安排一次两课时的学科探究项目,指导学生进行课题研究,通过查找资料、动手实践、分析和讨论、小组交流和成果展示,引导学生关注社会、联系实际、学会研究。

表 2-10 鞍山初级中学的学科探究项目设置

六年级			
课程 学期 / 课程名称	课程名称	修习主题	课程目标
第一学期	思维探趣	简便运算	1. 通过学习将多则运算转化为简便运算的过程,让学生养成独立思考、积极探索规律的良好学习习惯 2. 化繁为简的过程中,让学生获得成就感,逐渐爱上做题,爱上探索 3. 养成独立思考和分析问题的能力
	文化探趣	健康饮食 (Healthy eating)	1. 本课程的内容是有关健康与饮食、个人爱好以及要求澄清(所说的意思)的句型结构,本课程的教学主旨在于让学生掌握这些句型,并能灵活地运用于生活实践中,这是本课程的重点之一 2. 根据课堂讲授内容,有选择地设计一些题目,让学生利用课余时间查阅相关资料,选择自己感兴趣的题目,撰写如何养成健康饮食习惯的文章
第二学期	思维探趣	容斥原理	1. 学会理清题干中的数学关系、逻辑关系 2. 学会利用画图分析数学题 3. 延伸拓展,综合运用(银行理财产品数据)
	文化探趣	传统文化 (Festivals in China)	1. 了解中国传统文化,激发学生爱国主义情怀,从身边小事做起,厚植文化自信,并学习用英语进行准确的表达 2. 调动学生学习兴趣,采用启发式教学、谈话式教学等,引导学生探究中国传统节日,与小学阶段学习的西方节日进行比较 3. 培养跨文化交际的意识,体会文化差异性
七年级			
课程 学期 / 课题名称	课题名称	修习主题	课程目标
第一学期	思维探趣	图形的运动	1. 通过基本图形运动的学习,感受复杂图形都是从基本图形转变而来的规律

课程学期	课程名称	修习主题	课程目标
			2. 通过图形运动感受数学创造的图形之美
	文化探趣	标志和规则(Signs and rules)	1. 通过提供语言材料与阅读标志和规则,提高学生获取信息的能力。提供和输入新的语言材料,包括对话、短文、图片说明、图表、标志、地图、游戏规则等内容 2. 通过写报告、写邮件、填写表格、完成句子和回答问题等形式,为培养学生理解标志、制定规则的能力打下基础
第二学期	思维探趣	直角坐标系与生活	1. 将直角坐标系与生活中的事物相联系(电影院的座位、队形的设计等),体会数学与生活息息相关 2. 拓展延伸、综合运用直角坐标系(利用直角坐标设计队形的变化等)
	文化探趣	自然元素(The natural elements)	1. 理解和欣赏英文诗歌的关键要素(它是语言的浓缩,以最凝练的文字传递了时间与空间、物质与精神、理智与情感) 2. 通过诗歌基本元素的学习,创作与生活有关的小诗,进行诗歌朗诵比赛

八年级

课程学期	课题名称	修习主题	课程目标
第一学期	思维探趣	"平方和"等式宝塔的构建	1. 通过从特殊到一般的探究过程让学生养成独立思考、积极探索数学规律的学习习惯 2. 通过对等式宝塔的构建让学生对平方和公式有更进一步的认识,在较难的问题中也能运用
	文化探趣	笔友会(Penfriends)	1. 通过阅读笔友的信,了解与外国朋友交往的注意事项 2. 在校内或笔友网站上寻找一位志同道合的笔友,与其进行书面交流
第二学期	思维探趣	特殊一元高次方程的解法	1. 进一步渗透解方程的基本数学思想 2. 通过认识一些特殊一元高次方程,让学生感受方程的魅力,提升解决较难应用题的能力

课程 学期	课程名称	修习主题	课程目标
	文化探趣	旅　行 (Travel)	1. 阅读旅行指南文章《France is calling》,了解欧洲相关国家的基本情况 2. 基于上文的框架与语言元素,撰写介绍中国文化的旅行指南文章,与外国友人进行交流,传播中国文化

九年级

课程 学期	课题名称	修习主题	课程目标
第一学期	科学探趣	反射的奥秘	1. 通过观察日常生活,知道反射的现象 2. 了解反射的种类,知道漫反射和镜面反射 3. 通过实验探究光反射的规律和平面镜成像的特点 4. 理解光反射的规律和平面镜成像的特点在日常生活中的应用,了解平面镜多次成像的原理、全反射等
		"发现生活中的化学问题"	1. 通过课程学习,使学生了解化学在资源利用、材料制造、工农业生产中的具体应用,认识日常生活中常见物质的性质 2. 体验化学对提高生活质量和解决生活中的一些实际问题的价值和作用,增强应用意识,激发学生学习化学的兴趣
第二学期	科学探趣	电的世界——测定小灯电功率	1. 会设计测定小灯电功率的实验方案,知道实验原理 $P=UI$;会设计电路图,会选择实验器材,理解实验步骤,规范记录实验数据等 2. 通过实验操作,规范电学实验中器材的实验操作,提高学生的动手能力 3. 通过专题研究,掌握串联电路中电流和电压的动态变化规律,会计算出正常工作时小灯的电功率的大小 4. 与"电流表和电压表测定待测电阻的实验"进行对比,归纳两个实验的相同点、不同点

课程 学期	课程名称	修习主题	课程目标
		化学与社会	1. 通过课程学习,探讨生活中常见的化学现象,体会化学对保护环境的积极作用,形成合理使用化学品的意识,丰富知识、开阔视野,认识化学科学与技术进步和社会发展的关系,培养学生自主学习的能力,培养学生可持续发展的能力 2. 通过学习,培养学生搜集资料、自我学习的良好习惯和能力,体会化学的科学价值、应用价值、人文价值,提高自身的文化素养,培养学生的社会责任感

案例 2-3　学科探究案例:好莱坞电影发展

好莱坞电影的发展史是初二下半学期第三单元第一课的 Reading 材料。教师在讲授这篇文本材料时,发现学生对好莱坞的电影很感兴趣。但是由于文章篇幅有限,很多地方没有拓展开来写,所以教师利用探究课,以课本为依托,让学生各选一个历史阶段进行细致的探究。

一、教学目标

1. 通过对好莱坞电影发展史的了解,激发学生对英语学习的兴趣,并进一步学习好莱坞电影不断创新的精神。

2. 培养学生的团队合作精神,学会分工,掌握进度,合理安排探究学习的时间。

3. 使学生明白探究是持续的,而不是阶段性的。

二、教学准备

1. 提前一个月把全班 26 个学生分成 3 个小组,均衡搭配能力不同的学生,并

选出负责的组长,确定组员分工:主编、搜集资料、资料分析、制作 PPT 等;

2. 让每个小组确定要探究的历史阶段;

3. 启发学生探究在其挑选的阶段好莱坞电影的特点;

4. 各个小组制作多媒体课件,准备汇报。

三、教学过程

(一)教师引入

在 3 个小组作汇报之前,都由教师做一个导入,介绍接下来要展示的好莱坞电影史的各个阶段。

(二)小组探究成果汇报

Shadow 组——好莱坞电影的起源。介绍好莱坞的地理位置、地标、好莱坞的第一部电影;介绍电影制作人沃尔特·迪斯尼;介绍默片的定义、默片时期的代表演员——查理·卓别林;欣赏卓别林代表作《摩登时代》的片段。

Wise 组——好莱坞电影的发展。介绍有声电影的定义;欣赏好莱坞第一部有声电影;介绍有声电影的制作方式;欣赏好莱坞第一部彩色电影。

Shining 组——介绍现今的好莱坞电影。欣赏一组现今好莱坞 9 大电影公司的片头、介绍好莱坞 9 大电影公司;介绍特技定义,欣赏好莱坞电影特技的制作,介绍特技的来源历史以及现今特技的种类。

四、课后反思

通过此次探究课,学生之间明显增强了合作与竞争意识。他们通过平衡学习与探究的时间,大大锻炼了合理安排时间的能力,对于初二学生来说,这是一次很好的能力锻炼。在探究的过程中,教师也真实体验到教学相长的意义:学生的能力被激发出来后,作为老师也要进行多方面的自我充电。

(撰写:谷文倩)

(二) 文理综合学习探究:以课题和项目为载体的合作探究

文理综合学习探究采用课题学习和项目学习的方式,以课题和项目为载体,让学生分小组开展合作探究,在解决问题和完成项目的过程中共同经历基本的研究过程和学习基本的研究方法。

文理综合学习探究时间统一安排在每周五下午第二节课或每周四中午12:10—12:50。探究的主题由学校全体教师根据自身的特长确定,学生自由选择探究主题后形成合作小组(见表2-11)。探究的方法主要包括调查、观察、查阅、测量、制作、实验等。

表2-11 鞍山初级中学的文理综合学习探究项目

课程名称	"文理综趣"体验工坊	参与年级	六、七、八年级
目 标 内 容			学习领域
学会使语言更简洁凝练;学会通过意象制造深远的意境;学会通过句式和换行表现诗歌的韵律 通过赏析与朗读感受诗人的思想情感,激发对现代诗创作的兴趣与热情。通过想象、讨论,品味语言的简洁凝练以及诗歌深远的意境;通过仿写与创作提升现代诗的创作能力			语言与文学
走进气象观测场,通过认识各种气象观测仪器,如风向标、风杯、日照计、雨量计、蒸发皿等,引起学生浓厚的学习兴趣,鼓励学生积极参与互动、动手体验气象设备			科学
进行通信技术实验,学习无线电通讯知识技能,探讨电磁波传播的规律,了解莫尔斯电码(CW)、单边带话音(SSB)、调频(FM)等几种常见的通信方式,拓展学习许多新的通信方式,如:慢扫描电视(SSTV)、数字包封通信(PACKET)、卫星通信、月面反射通信(EME)等			科学 语言与文学 技术
探究声音特征的影响因素;探究平面镜的多次成像规律;探究凸透镜成像规律;探究摩擦力大小的影响因素;探究质量与体积的关系			科学

目 标 内 容	学习领域
探究近代中国史上的重要事件对中国社会发展产生的影响；研究中国传统节日的渊源；对比学习深受中国影响的日本文化	人文与社会
探究影响溶解快慢的因素；了解生活中的各种材料；研究金属材料的性质	科学
在体验中实践，了解足球基本知识的同时，结合数学、物理等知识探究足球的奥秘	体育与健身

案例2-4 依托国际交流项目的书法与英语跨学科合作探究案例

【背景说明】

书法是中华文化瑰宝，汉字的书写需要技法、需要意境，书写过程中的一撇一捺都蕴藏了中国人的文化精神。英语是国际上最通用的语言之一，它既起到了传递信息的功能，又承载了英国(西方)文化。跨文化的国际交流与中西方文化的异同，一直是很多高中，尤其是大学的课程内容。在初中阶段，学生对本国文化及英国(西方)文化的了解相对较少，也就少有辨析。

我校是上海市书法特色学校，学生自入学起，就有专职的书法教师教授书法课。学生对于书法的技艺与认识相对较高。在2021年杨浦区国际交流中心开展的夏令营活动中，我校作为杨浦区国际交流项目的成员校，积极参与项目活动，计划在夏令营活动中向外国友人赠予书法作品(卷轴)：毛笔书写的汉字，配以卡片作英文翻译。结合这一活动过程，一堂书法与英语的跨学科合作探究教学课应运而生，旨在让学生赏析汉字书法之美，简单思考中西文化相同的价值观，了解中英文表达，在书写中感受书法文化。

【项目环节】

环节	教师行为	设计目的
《兰亭序》的学习	引导学生欣赏作品,为学生讲解书写特征	1. 让学生感受到书法之美(字词处理,谋篇布局) 2. 由王羲之兰亭会友的故事,引出为国际交流夏令营活动创作书法礼物的项目内容
书写内容的确定	引导学生思考中西方文化中共同的价值观,并进行翻译	1. 让学生借由过往所学(英语课文),在回顾中思考中西方的价值观,简单地认识到文化间异同,并找到共同点 2. 合理地选择表达同一价值观取向的中英文
作品的创作	给学生充足的时间进行书法创作,教师在一旁指导	在书写过程中锻炼书法技能,感受书法中蕴含的中国文化
作品的评价	给予学生评价标准,让学生互评作品	结合本节课对《兰亭序》的学习,给予评价标准,进一步提升学生欣赏书法的能力

【片段一:讨论书写内容的选词】

T: Boys and girls, since we need to create several works of calligraphy as the gifts for foreign friends, let's discuss the writing content. What would you like to write?

Ss: How about a Chinese poem or a few lines of it?

T: That's a good idea. Calligraphy and Chinese poem both represent the Chinese culture. Most foreigners like them. But, I think this Calligraphy scroll is not big enough. Can you estimate how many Chinese characters can we write down on it?

Ss: Maybe two to four Chinese characters.

T: Yes, so do you have any suggestions on what we should write?

Ss: 和平！友好！

Ss: 善良！自由！……

T: All right. Most of the words you mentioned stand for a kind of value. I think this is sensible. But I have a question. Do the values always keep the same among the different cultures?

Ss: Of course not. Sometimes, western culture is totally different from ours.

T: You're right. Therefore, we must pick some words of values whose meaning can be accepted by both cultures. How can we find these words?

Ss: We can search the Internet to get the information on this topic.

Ss: Maybe we can find the answers from the previous gifts that Chinese government sent to the foreigners or foreign countries.

T: I do agree with you. And I'd like to share my idea. We have learned so many texts in Oxford English textbooks. Can we find some values from the texts? I think these values are acceptable to people in both western countries and China.

Ss: From the text *Blind Man and Eyes in Fire Drama*, I pick up the words friendship and kindness. We can expressit in Chinese Characters "友好".

T: Good. You picked up a good phrase. But I have some different opinion on the Chinese Characters. I think we seldom see "友好" in calligraphy works. Instead, we write "友善", right?

Ss: When we learned about the SPCA, we recognized we should also kind to all the animals. I think the word, humanity, is a proper word. We can express it in Chinese Characters——"仁爱".

Ss: The ant in the fable is hardworking so he has enough food in winter. We should work hard like the ant so that we can achieve success. I'd like to pick the word harvest. We can express it in Chinese characters——"收获".

T: Excellent. I do appreciate you. And the following Chinese characters we always see in the calligraphy works like "宁静致远、格物致知、和而不同、持之以恒", are all good choices. These values are approved by most people and these Chinese characters are suitable to show the beauty of calligraphy. Do you agree with me?

Ss: Yes, but how can we say them in English?

T: Before you translate them into English, you should first understand them.

Ss: "持之以恒" means we need to insist on doing something.

T: Good. So we can conclude a word persistence. How about "和而不同"?

Ss: "和" means we should live in peace. "不同" means we can have something different.

T: Right. So we can conclude a phrase, harmony but not sameness. Many great translators have given their translation of "宁静致远" and "格物致知". I like these two types best: still water run deep for "宁静致远", better investigation, better cognition for "格物致知". There are enough choices for us. It's time for you to write now.

片段分析：

在这一课堂片段中，教师首先引导学生思考赠予外国友人的书法作品要书写什么。学生第一反应往往是具有中国特色的中国古诗句或成语，这是很好的答案。但由于书写版面的限制以及翻译的难度较大,因此教师转而引导学生选择表达中华文化价值观的2—4字词汇。

考虑到基于国际交流的背景,书法作品的书写内容应不与他国文化产生矛盾,因此教师指引学生从英语课本上找寻答案。牛津英语教材上海版是英国原版教材进行适当的本土化改编后的成果,里面的内容严格把关,能被两国文化所认同。学生受到教师启发,思考以往学过的英语课文故事,寻找合适的价值观,并做好中英文的翻译,要考虑将英文的词义表达到位(如仁爱应翻译成"humanity"而不是简单的"love"),考虑中文的常用书写方式(如书法中一般不写"友好",而是写"友善")。与此同时,有些书法常写的内容,如格物致知、宁静致远等,都是中国传统文化思想的体现,老师借由经验告诉学生这些中文词背后的价值观也是为中西方所认可的,并引导学生思考这些词背后的含义,尝试翻译后,教师再给予名人大家的翻译版本,让学生在这一过程中,充分思考中西方文化的共同点,其中既有对共同文化的认同,也有对本国文化的民族自豪感。

【实践反思】

写好书法,就必须要认同书法、理解书法之美。在赏析如《兰亭序》这样的经典作品时,学生的兴趣是比较浓厚的。教师应将基础的书写教学与作品赏析结合起来,以书法的魅力征服学生,激发他们学习书法的热情。

在课堂中,如果能加强配套工具、硬件的支持,那么学生通过自主的学习就能够收获更多。在思考中西方文化的共同点时,学生可以使用网络来解决问题。在进行字词翻译时,学生词汇量不足的问题可以由纸质词典或网络词典解决。在找寻一些中国传统文化用词的经典翻译版本时,让学生进行网络查询并思考甄别,其效果要远远好于教师给出答案。

在课堂上,教师应预留充足的时间进行作品的展示,邀请同学对作品进行分析,教师做专业点评指导;在课后,教师应收录优秀作品,定期汇编成册,给学生展示自我的机会,同时提高学生写好字的主动性。

(撰写:俞泳哲)

(三) 跨学科探究:基于项目主题的分年级跨学科综合探究

跨学科探究项目以"气象家乐园"为主题,通过"四步走"模式(见图2-3),针对不同年级的学情特点,培养学生跨学科解决问题的意识和跨学科学习的素养。

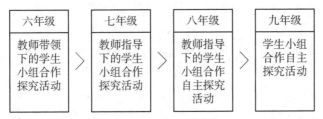

图2-3 "气象家乐园"探究型学习项目培养方式——"四步走"模式

从六年级开始的教师带领下的学生小组探究,到七年级和八年级的教师指导下的学生小组合作探究,再到九年级学生小组合作自主探究,教师逐渐"退居幕后",学生的主体性逐渐增强。学生在合作探究的过程中,采用调查法、观察法、查阅法、测量法、制作法、实验法等,最终以照片、微视频、模型、实物、口头报告、书面报告(小报)、小论文等形式进行成果展示。具体的探究内容见表2-12。

表2-12 鞍山初级中学跨学科探究型学习项目框架

年级	相关科目	内容	备注
六年级	语文	与气象有关的古诗词、现代文欣赏	每学期,经"气象家乐园"各年级教研小组研讨,
	科普英语	国内外气象现象对比与英文读物赏析	
	道德与法治	结合时事政治,渗透环保意识	

年级	相关科目	内容	备注
	地理	身边的天气,风雨雷电等主要天气现象	每个年级指定一个探究项目主题,每个学科制定子课题,利用课余时间,进行1次主题项目探究指导活动。时间、形式(微信群、企业微信、钉钉或腾讯会议等)由教师自行安排
	科学	水的三态变化、物质的性质、科学实验入门	
七年级	语文	与气象有关的古诗词、现代文欣赏与创作	
	数学	数据统计入门	
	科普英语	国内外气象现象对比与英文读物赏析	
	道德与法治	结合时事政治,渗透人地协调发展意识	
	地理	二十四节气,主要的大范围天气现象	
	历史	历史上,与天气有关的重要事件(国内)	
	科学	科学探究的过程与科学实验基本方法	
八年级	数学	学会统计一个月的天气数据	
	科普英语	国内外气候现象对比与英文读物赏析	
	物理	主要物理现象的实验探究	
	道德与法治	结合时事政治,渗透生态文明意识	
	历史	历史上,与天气有关的重要事件(国际)	
	生命科学	天气对生物的影响	
九年级	数学	学会统计、分析一个月的天气数据,并绘制图表	
	科普英语	国内外气候现象对比与英文读物赏析	
	物理	与气象有关的物理实验的设计与实施	
	化学	与气象有关的化学实验的设计与实施	
	道德与法治	结合时事政治,渗透可持续发展观	
	生命科学	天气(气候)对生态系统的影响	
	社会	气象与社会发展、人民生活的关系	

自 2021 年起,每年 6 月学校组织学生进行优秀课题报告、实验报告、论文答辩,由教导处、政教处和科研室通过集中、分散的方式,组织评比,评出一、二、三等

奖,并给予奖励。

案例2-5 "气象家乐园"跨学科学习项目实践案例(六年级)

根据"双新"要求,本项目在六年级的教学内容主要是基于地理学科。六年级学生大多在小学自然课学习过气象与气候的基础知识,也有一定的动手实验的经验。

本案例在"描述天气"的第一课时,主要探究对象是气温与风的形成。教学目标为:1. 知道天气的要素:气温和风。2. 能设计实验,证明空气的存在。3. 能设计实验,说明冷暖空气的流动;并理解两种不同的气团相遇时,会发生的天气现象。4. 能说出是什么是气温,能说出是什么因素使空气的温度升高。

【环节一】导入

师:在正式上课之前,老师先出一个谜语让大家猜一下,看看谁能一下子就猜到,什么物质是看不见摸不着的?

生:是空气!

师:对,就是空气,这位同学答对了。同学们,我们知道空气是存在的,但是如何证明空气是存在的呢? 接下来就由老师带领大家完成这一证明过程。

【环节二】跨学科探究

(探究技能1)利用教师提前准备好的材料设计实验

师:在大家面前的是老师为你们准备好的实验材料,给大家三分钟时间,请同学们以小组为单位讨论,开动脑筋想想如何设计实验来证明空气是存在的。

(探究技能2)小组交流

师:讨论结束,我看每组同学都讨论得热火朝天,那么有没有哪组同学派代表出来分享一下你们的实验设计呢?

| 材料 | 塑料容器 | 塑料杯子 | 水 | 纸巾 |

生:(举手)我们可以通过纸巾会不会变湿判断。

师:对的,这位同学很聪明,接下来老师带大家做一下这个实验。首先,在一个容器中装入大约一半的水,然后将一张干纸巾塞进一只杯子的底部。将这只杯子倒置过来,按到这个容器的底部。注意不要倾斜杯子。随后,将杯子从水中取出来,记住不要倾斜杯子。观察一下这张纸巾,你有什么发现?

生:我看到纸巾没有湿,杯子内水位很低,甚至没有水进入到杯子里。

师:很好,这位同学观察得很仔细,那么,再次将这个杯子倒过来,按到这个容器的底部。这一次,慢慢地倾斜杯子。

生:老师我看到纸巾变湿了,水进入杯子,而且水位与盒子里的水位持平。

师:非常好,那么是什么物质导致了水不能占满整个杯子?

生:是空气。

【环节三】学习阅读:(重要概念)天气的三大要素是:气温、气压和风。

师:接下来这个实验我们将证明空气是流动的,请同学们看老师演示:首先向集气瓶内加烟,盖上玻璃片;随后,将带玻璃片的集气瓶正放在热水里加热,再对准含有热空气的集气瓶瓶口(玻璃片上方),倒扣一个集气瓶;最后,抽掉玻璃片。请同学们观察烟的流动,说说看到了什么现象。

生:烟向上飘了。

师:没错,那么我们可以得出这样一个结论:热空气上升,冷空气下沉,形成对

流。空气流动时,会发生什么现象?空气会从气压高的地方向气压低的地方流动。这种流动的空气叫做风。(教师解说)

师:那么当两种不同的气团相遇时,会发生什么现象?(重要概念)空气就在你的周围,它包围着整个地球。包围地球的空气叫做大气(atmosphere)。大气是由不同的气体和尘埃组成的,其中一些尘埃来自地球上的大火和火山爆发。

师:对于地球上的大气,我们有哪些认识呢?请同学们继续以小组为单位进行交流讨论,老师给大家两分钟时间。(教师巡视)

师:好,我听到同学们讨论的结果都很丰富,每个人都对大气有不一样的认知,那老师来总结一下。地球分为好几层,每一层都有各自的特征。距离地球表面最近的一层叫做对流层。地球上几乎所有的生命都存在于这一层;云、雨、雪等主要天气(weather)现象也都发生在这一层。天气就是某一特定地点在某一特定时间的空气状况。那么同学想一想:是什么(能量)使得地球上的空气受热升温?

(生思考,无人举手回答)

师:老师假设一个情景,在一个炎热的夏日,当你走到室外时,你会发出怎样的感叹呢?你是不是会说:"天气好热啊!"这里的"天气"其实指的就是空气。

(生点头表示同意)

师:就是太阳(能)使得地球上的空气受热升温,太阳使空气受热,热空气上升,冷空气下降,形成大自然的风。太阳光中的能量加热空气,使它变得温暖,具有较高的温度。我们都知道,气温始终处于变化之中,白天通常要比晚上暖和一些。这是因为白天有阳光照射,使地表的空气的温度升高了。(教师解说)

【环节四】总结

师:今天我们在学习自然界的空气与风的过程中,收获了许多新知识,哪位同学来总结一下？

生：我们通过今天的学习知道了天气的要素是气温和风，通过实验证实了空气的存在和冷暖空气的流动，知道了太阳能是使空气中温度升高的原因。

师：这位同学总结得非常到位，看来课上听得很认真，我们其他同学要向他学习。通过这节课呢，我们还进一步锻炼了"交流""设计实验"等方法与能力，希望大家在学习和生活中，带着探究的眼光，去发现大自然的奥秘。谢谢大家。

（撰写：雷婧巍）

三、探究型课程的评价

（一）从学生表现的角度评价课程的效果

在研究型课程中对学生的评价主要关注：一是研究成果。评估学生在课程实践中的成果表现，包括创意设计、产品开发、社会实践、科研实验等方面的表现。二是学科知识。评估学生在实践中所涉及的学科知识的掌握情况，包括学习的深度和广度，是否能够应用到实践中。三是团队合作。评估学生在团队合作中的表现，包括沟通能力、协作能力、分工合作等方面的表现。四是实践能力。评估学生在实践中所表现出的实践能力，包括解决问题的能力、创新思维、实践动手能力等方面的表现。

在评价方式上，强调师生共同参与，鼓励学生对自己在实践中的表现进行自我评价和反思，帮助学生了解自己的优势和不足，并为以后的学习和实践提供参考和改进方向。为此，学校为学生建立学习档案袋、设计了各类评价单。

1. 建立学生学习档案袋

为了能客观地评价学生在探究型课程中的学习水平，学校采用档案袋的评价方法(见表2-13),完整、及时地记录学生在亲身参与探究型实践活动中所获得的感悟、体验,以及在发现问题、提出问题、解决问题过程中的见解与创新。

表2-13　学习档案袋评价表

课题_____　课题主持人_____									
	评价要求	自评				互评			
		A	B	C	D	A	B	C	D
课题方案	细致周密　具操作性								
收集的资料	资料丰富　来源广泛								
自行设计内容	设计合理　记录完整								
活动情况记录	活动有序　记录详细								
研究成果	报告规范　具有创意								
小结反思	人人小结　个个收获								
各类评价表	评价客观　完整无缺								
其他内容									
教师点评					总体评价				
说明	(1) A、B、C、D相当于优秀、良好、合格、须努力 (2) "其他内容"为各课题组自己认为还需要补充的内容 (3) 教师点评用描述性语言 (4) 总体评价,用"优秀、良好、合格、须努力"								

2. 各类评价单

　　针对学生的探究型学习过程和结果,教师制定了各种学习评价表,通过学生自评、生生互评、教师评价的方式,对学生的探究的过程(见表2-14)和最终的成果展示汇报(见表2-15)进行评价。评价的结果作为学生的学习记录,收录到学生的档案袋中。

表 2 - 14　学生探究型课程学习评价表

指标	标准	评价等第			定性评价		
		自评	互评	师评	自评	互评	师评
学习态度	探究的课题明确						
	有丰富的资料积累						
	探究的兴趣深厚						
	有坚定的探究意志						
合作精神	大胆表明自己的观点						
	虚心听取别人的意见						
	服从分工并完成任务						
	热心帮助别人进行研究						
探究能力	有观察和思考能力						
	有发现和提出问题能力						
	有收集和整理信息能力						
	有方案设计和成果表达能力						
说明	1. 定量评价等第设优秀、良好、合格、需努力四等 2. 定性评价指对主要问题、突出问题或某些特长写出描述性评语						

课题_____　学生姓名_____

表 2 - 15　探究成果或项目成果与展示汇报评定表

课题名称_____　课题主持人_____
课题组成员_____　时间_____

评价项目	评价指标	互评				师评			
		非常好 （10）	较好 （8）	一般 （6）	欠佳 （≤4）	非常好 （10）	较好 （8）	一般 （6）	欠佳 （≤4）
探究成果 书面报告	课题报告立意								
	课题报告论述科学性								

评价项目	评价指标	互评				师评			
		非常好（10）	较好（8）	一般（6）	欠佳（≤4）	非常好（10）	较好（8）	一般（6）	欠佳（≤4）
探究成果的汇报	课题报告提供材料的完整性								
	课题报告内容的社会实践意义大								
	陈述条理清晰								
	成果展示效果好								
	展示手段符合项目成果所需								
	学生汇报时语态仪表自然流畅								
	应答问题的能力强，回答的准确性高								
	汇报过程体现了小组合作精神								
课题成果综合评价	互评者签名：					师评者签名：			
说明：课题成果综合评价主要针对探究成果作描述性评价，并在最后给出明确的得分									

课程学习的成果评定合格（60分以上）者，将在学校课程管理系统平台上赋予学生该课程的相应基本学分。如果评定达到优秀（80分以上），将根据学校有关规定，给学分乘以相应权重，并作为每学期学生各项评优以及推优的重点参考分。

（二）从教师教学的角度评价课程的效果

对研究型课程中教师教学的评价通过学生问卷的方式进行。课程结束后，学生在"学校课程管理系统"上完成问卷(见表2-16),学校对学生问卷的结果进行分析并反思研究型课程的设计。

表2-16 学生问卷

探究课名称＿＿＿＿＿＿＿ 任教教师＿＿＿＿＿
请客观地选择最合适的选项:
1. 你认为老师所采取的课程学习模式 □非常合适 □一般 □无新意
2. 探究式课程对增强学习兴趣 □效果明显 □一般 □无帮助
3. 探究式课程对强化学科知识的理解与掌握 □帮助很大 □一般 □很少
4. 探究式课程对增强自主学习与团队合作能力 □帮助很大 □一般 □无帮助
5. 课程学习期间教师的指导情况 □很强 □一般 □没有
6. 课程学习期间的管理情况 □很严格 □一般 □不严格
7. 你如何评价本课程探究式学习的总体效果 □很成功 □一般 □不成功
8. 本学期探究活动中你印象最深刻的是什么? 最大的收获是什么?
9. 你对于探究型课程的学习有何意见与建议?

(三) 开展学生满意度调查反思课程设计

学校定期开展学生满意度调查,让学生对研究型课程的内容、教学方法、师资力量、学习氛围、教学资源进行评价。

(1) 课程内容:课程内容是否丰富、深入,是否能够引导学生养成正确的道德价值观和行为习惯,是否能够帮助学生提高自身的综合素质。

(2) 教学方法:教学方法是否生动有趣、灵活多样,是否能够激发学生的兴趣和参与度,是否能够帮助学生理解和掌握道德知识和技能。

(3) 师资力量:授课教师的素质和教学能力,包括知识水平、授课能力、互动能力、专业精神等方面的表现。

（4）学习氛围：课堂学习氛围是否积极、轻松、愉悦，是否有足够的互动和交流，是否能够创造良好的学习氛围。

（5）教学资源：教学资源是否充足、优质，包括教学设备、教材、参考资料等方面的准备情况。

第三章

和而智：智慧课堂与世界激荡

　　学习具有主动建构性、社会互动性和情境适应性。学习总是与具体的社会实践情境联系在一起。课堂教学的核心是要化知识为智慧，因此必须以学习为中心展开，通过学习方式变革，高质量作业体系建构和数字化赋能，提升课堂教学的智慧属性。

新课程改革以来，在"五项管理"要求下，鞍山初级中学一直着力追求构建一个丰富学生知识、发展学生能力、完善学生人格、提升学生智慧的"和而智"课堂。这样的课堂是向善教育的体现，培养学生积极的态度，对世界心怀向往。向善教育的目的、内容、过程的正当性要相互协调与配合，缺一不可。目的是向善教育的出发点和归宿，正当的目的应该是合理的、合法的。内容是向善教育的核心和基础，正当的内容应该是符合事实的、符合道德的、符合学生需要的。过程是向善教育的载体和方法，正当的过程应该是基于科学的理论和有效的方法的。

为了实现向善教育目的、内容、过程的正当性，鞍山初级中学践行"三让法"：让学生想和说、让训练变得有效、让教学时空延伸。为了保障"三让法"的实施效果，鞍山初级中学开展智慧课堂实践，从课堂教学、课后延伸、数字化转型三方面努力，共同保障教育效果。

在课堂教学方面，通过多种方式提高教学效果。例如利用长、短周期课程结合的方式，立体式架构拓展型课程。再如，对接中考改革，聚焦跨学科探究型学习，在日常教学中适时渗透探究课内容。

在课后延伸方面，学校尝试创新作业形式，根据课程内的某一主题，整合学科的相关知识及思维方式，探索长作业的设计与实施。此外，学校研究初小衔接教学策略，帮助学生从小学平稳地过渡到初中。

在数字化转型方面，学校利用数据挖掘、数据分析等技术手段对学生的学习情况进行跟踪和分析，帮助教师更好地了解学生的学习状态，提高教学效果。例如,教师可以通过在线学习平台获取学生的学习数据,如学习时间、学习进度、学习难度等信息。教师根据这些信息,进而了解学生的学习情况和问题,调整教学策略和方法,提高教学效果和学生的学习质量。

第一节　以学生为中心展现学科魅力

"三让"中的第一让是"让学生想和说",也就是让学生具有积极思考和表达的能力。这一点在教育中非常重要,因为它能够激发学生的学习兴趣,调动学生的积极性,促进学生的学习进步,同时也能够为学生的未来奠定坚实的基础。

一、依据学生学情,调整课堂教学

(一) 科学了解学情

科学了解学情是指教师通过不同的方式和方法,收集、分析和利用关于学生的信息和数据,以便全面、准确地了解学生的学习状态、需求、兴趣和能力,从而更好地制定教学计划和教学策略,达到更好的教学效果。常用的学情了解方法有教师观察、听取学生反馈、分析学生成绩、进行测验和考试、使用技术工具收集学生数据等。例如,数学教师在开展函数教学之前,对学生进行抽样问卷调查,详细了解了学生对函数内容的兴趣、了解程度,在学习完函数概念后是否能联系实际问题、用自己的语言进行描述,以及在学习函数过程中的问题(见案例 3 - 1)。

案例 3 - 1 数学表征理论视角下初中函数教学的优化与落实(节选)

为了解初中生的函数概念学习现状,教师对初二、初三学生进行了抽样调查。

1. 研究对象

由于每个班学生学习水平基本上一致,所以随机抽取初二两个班的学生共 117 名,初三两个班的学生共 108 名。

2. 研究方法

本次研究主要采用问卷调查法,问卷共设置 9 个问题,从以下几个维度进行提问:(1)对初中函数内容是否感兴趣;(2)对初中函数内容的了解程度;(3)在学习完函数概念之后能否联想到与函数相关的实际问题;(4)能否回忆起初中函数概念并用自己的语言描述;(5)初中函数概念学习的困难及解决方法。

3. 问卷分析

本次调查一共收回 222 份问卷,其中初二学生的问卷回收率为 97.44%,初三学生的问卷回收率为 100%。

年级	总调查人数	实际调查人数	问卷回收率
初二	117	114	97.44%
初三	108	108	100%

(1)学生对初中函数是否感兴趣的结果与分析

约有 60.36% 的学生对初中函数知识很感兴趣,还有少部分学生对初中函数知识完全不感兴趣,具体情况见图。

结合两个年级学生的数据发现,在不感兴趣的学生中,有少部分学生将学习数学作为任务,而初中函数仅仅是学习任务的一项,只在意知识的填充,没有激发

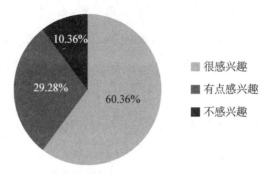

很感兴趣

有点感兴趣

不感兴趣

学生对函数感兴趣的程度

对函数知识学习的兴趣。所以,教师在教学设计方面,应多采用现在学生感兴趣的内容,让学生能在感兴趣的基础上,探索函数的相关知识。

(2)对初中函数内容了解多少的结果与分析

初二有 75 名学生对初中函数内容非常了解,还有 32 名学生对其内容基本了解。初三一共有 93 名学生对初中函数内容有较多的理解。初二和初三还有 22 名学生,由于理解能力较弱,对函数知识了解较少。具体情况见下图。

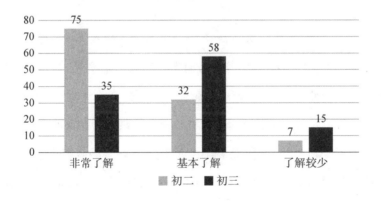

初二   初三

初中生对函数的了解情况

对于初二学生来说,调查期间刚刚学过函数的概念和一次函数,因此他们对函数内容的了解比较深刻。相反,初三年级在上半学期就已经将九年级课程全部上完,在这样的进度下,学生对于初中函数知识的掌握更多地体现在解决实际问题上。所以,在教学过程中,概念的熟悉和知识的应用应当相辅相成,互相促进。

(3)学习函数概念之后能否联想到与函数相关的实际问题的结果与分析

约有48.20%的学生能举出一些有关函数知识的实际生活问题,还有13.06%的学生不确定自己是否正确采用函数相关知识理解和解决问题,具体情况见下图。

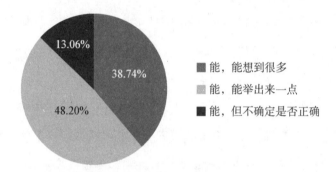

能否将函数知识与实际生活联系的调查结果

在这个问题里,学生能把自己所学知识应用在实际生活中,大部分是来自于老师的课堂举例和课后作业中所遇到的问题。因此我们发现,如何更好地使学生从身边的基本生活经验入手,是教师在课堂教学中需要关注的问题。

(4)能否回忆起初中函数概念并用自己的语言描述的结果与分析

本维度有两个问题,一个问题是学生是否记得初中函数概念,其中能够完全记得和不太确定的人数基本上一致。第二个问题是用自己的语言描述函数的概念,222名学生中极少的人能写出准确的函数概念。还有13名学生在问卷上只写出了自变量和因变量的名称,或是只记得函数的表达方式,甚至还有不会描述的,只列出了具体的与函数相关的例子。

由此我们发现，教师在函数概念教学中，要突出强调函数概念的意义与重要性。

(5)初中函数概念学习的困难及解决方法的结果与分析

本维度有三个问题，主要分为学生在学习函数概念时遇到的困难和如何解决困难这两大类。

第一大类是学生认为在函数概念学习中产生困难的原因。问题包含一道多选题和一道自述题。多选题中，学生主要选择了"自己学习方法不对""函数概念太抽象"和"函数思想太灵活，不容易把握"这几个选项。自述题中，学生更担心、害怕的是数学考试中大题的解答。所以，教师在函数知识讲授中，最好尽量把抽象的概念与学生熟知的知识联系起来。对于函数知识的应用，教师也要帮助学生用函数的思维方式解决问题。

第二大类是学生如何解决在初中函数学习上的困难，具体情况见下表。

学生解决函数学习方法

	人数	比例
完全依靠自己独立完成，并能总结方法	28	12.61%
基本自己完成，有困难寻求同学、老师或是其他资源	178	80.18%
大部分需要帮助	16	7.21%

由此可知，在面对函数学习的困难时，学生通常选择自主完成，其次再与身边的人进行交流探讨。

（撰写：王祎婕）

通过上述案例，可以看到通过科学的方法了解学情，能够帮助教师评估教学效果，及时发现学生在学习初中函数过程中的困难和问题，从而采取适当的措施进行干预和支持,更好地设计教学内容和策略,以提高学生的学习动机和兴趣。

(二) 关注学段衔接

学段衔接指学生从前一学段升入后一学段时的衔接,包括学前教育和小学的衔接、小学和初中的衔接、初中和高中的衔接、高中和职业教育的衔接、高中和大学的衔接等。学段之间的衔接通常基于前一学段的教育为后一阶段的教育做铺垫。因此,学段衔接的好坏会直接影响到学生的学业成果和未来发展。鞍山初级中学作为一所初中,主要关注小学和初中学段的衔接,通过为学生提供有针对性和连贯性的教育,调动学生积极性,为以后的学习打下坚实的基础。案例3-2是英语学科中音标教学在小学和初中衔接中的具体做法。

案例3-2 找准初小衔接点,实施有效教学策略(节选)

国际音标是整个语音教学中的重要部分,而在小学阶段,学校并不统一教授国际音标。通过学生问卷调查,教师发现学生对音标的掌握并不理想。尤其是那些基础不好、学习能力也不强的学生,更是把音标理解为类似于汉语拼音的符号而已。此外,教师还发现,学生对英语学习没有兴趣的最主要原因是挫折感。如果学生连最简单的朗读都有困难,那之后的背诵和默写就更可能会直接放弃。如果教师从头开始教授音标,并用适中的教学进度推进,那么学生的起点都一样,基本上都能掌握。因此,音标教学采取分散式教学方法,力求循序渐进,由浅、易到深、难,做到有序、有度、有量。

在第一个月中,教师以《新编国际音标快速拼读法》为教材,结合《新世纪英语》的阅读材料开展教学。在具体操作中教师设置了以下环节:热身环节、快速应答环节、听—写—重复环节。

一、热身环节

在热身(warm-up)环节中,教师采用朗读元音、辅音、合成拼音、背诵绕口令等方式,帮助学生复习前一节课的内容。其中,合成拼音的操练对于英语基础薄弱、拼读困难学生的语言感知能力的提升特别有效,也能帮助他们更好地理解拼读,对后面的两次合成读音标词大有裨益。下面是其中一些活动设计的简单说明。

(一)活动名称1:元音记忆——绕口令

活动操作步骤:

1. 在 PPT 中呈现一个绕口令,如:Green tea to me。

2. 教师请学生朗读绕口令2遍,并由学生自己归纳每个单词中所含的共有发音,从而引出元音发音→/iː/iː/。

3. 请学生按以下的方式朗读:Green tea to me→/iː//iː//iː/iː//iː/(在教授时把握绕口令的节奏,注意单词朗读时发音的到位,从而能正确朗读所教元音)。

4. 教师请学生逐个朗读(按照"3"的形式朗读)。

绕口令(twister)可以帮助学生很好地记忆每个元音音素,使得单一而枯燥的音标课堂教学充满了生机。在课堂上,人人都想参与其中。这样一种积极向上的学习氛围,也为小学英语零基础的学生打开信心之门,怀着满腔热情的学习态度参与到英语学习中。在集体朗读时,教师用拍手打拍子的方式来增强学生对朗读速度的把握,同时也能激发学生朗读的兴趣。

随着每天所学元音的增多,绕口令也在随之增多。在每次课前,教师在黑板上贴好已学过的元音卡片,请学生按老师所指,读出与其相关的绕口令,如:Very well, very well→/e//e/。这样既增加了学生学习英语的兴趣,也算是课堂教学之前的热身运动,达到帮助学生熟练掌握所学元音,做到熟读、熟记的目的。

(二)活动名称2:常用辅音音标的直呼训练

活动操作步骤:

1. 用小黑板或PPT呈现常用的16个辅音音标(随着学习的深入,可继续增加辅音的数量)。

2. 教师请学生按辅音音标出现的顺序读出音标,最好是背出音标。

这种每堂课必不可少的音标拼读训练不仅能快速、有效地复习常用的辅音音标,还可以让学生很好地体验和比较每一对相关的清、浊辅音发音位置的变化。除此之外,强烈的节奏感和区别鲜明的朗读可以强烈地吸引学生的注意力,使之快速地进入学习状态。

二、快速应答环节

快速应答(quick responses)是教师安排小学语法和知识复习的主阵地,也是中考听说测试的主要题型之一。教师在这个环节中呈现小学常用的对话,把小学的知识点改编成对话形式进行复习。教师还采用游戏的方式让学生拼写小学的词汇、进行中英互译,同时让学生试着做自我介绍、看图说话等。教师也把初中教材中六年级上的语言功能做梳理,在每节课的快速应答中有步骤地进行渗透,并滚动出现,让学生在不知不觉中了解六年级上的所有语言功能,为后阶段学习做好准备。

从学习心理学角度分析,"你问我答"是一种视觉、听觉、运动觉等感受器官共同参与,通过中枢神经、多渠道的信息反馈协调的活动。教学实践表明,具有较高训练标准的问答活动是一种密集型智力活动,它能充分反映智力的精细性、敏锐性、清晰性和丰富性。另外,通过教师问学生答或学生问答的形式,能让学生感受和品味英语语言中的韵律美、节奏美,陶冶学生的语言情操,进而演变为学生学好英语的一种动力。具体说明如下。

（1）合理分配内容，滚动操练，使用日常语言

每课时教师教学两个对话，如 1. A：Hi/Hello! B：Hi/Hello! 2. A：Good morning/afternoon/evening! B：Good morning/afternoon/evening! 第二课时教学第二和第三个对话，以此类推，到第五课时，教学第四和第五个对话。第六课时则对本周所学的五个对话进行阶段性的复习。这样能使学生在一周时间内多次使用各个对话，几乎天天做到以旧带新，滚动使用这些常用的日常对话。

（2）注重教师的示范带读作用，开展师生日常对话

平时课堂内的对话训练，可以是师生问答或生生问答的形式。但是在中小学衔接阶段的英语教学中，由于是新授知识，因此主要采用师生问答的形式。教师的示范也能帮助初中新生更快适应中学学习的节奏，有效地帮助学生注意到对话中语音语调的重要性。

（3）帮助学生积累对话材料

教师每天根据计划，在每节课前把对话抄写在黑板上，让学生记录下来，以供课堂教学使用。课堂教学时，教师要求学生尽力将对话内容记录在课堂笔记本上，做好对话材料的日常积累工作，在课后要求学生参照抄写的内容进行整理。

（4）使用多种形式促进日常对话训练

为了巩固所学对话，并增加课堂练习的趣味性，教师适当增加了听写训练、即时情景对话比赛和有节奏朗读等活动。如听写训练，有时是教师说对话的上半句，让学生写下半句；有时是教师请值日生进行对话，其余学生听写整个对话。即时情景对话比赛中，老师在卡片上写上情景，如"结识新朋友，如何介绍?"学生抽到卡片之后，根据卡片上的内容，两人一组进行模拟对话，并以比赛形式激发学生的兴趣。在有节奏朗诵的活动中，教师以手打拍子的方式，增加 Rap 元素，通过对话操练活动吸引学生主动参与。

三、听—写—重复环节

听—写—重复(listen-write-repeat)环节用在时态、人称主谓一致、主格、宾格等知识点的复习中。在新授音标内容的同时,通过 PPT 呈现"根据音标朗读单词",补充六年级的新词汇。一方面真正考查了学生对新学音标的掌握程度,另一方面也使学生能初步了解这些词汇的音和意,为后续学习打好基础。

(撰写:徐奔)

(三) 进行分层教学

分层教学是指根据学生不同的特点,将其分成不同的层次,然后针对每个层次的学生制定不同的教学计划和教学目标,实施不同的教学方法和手段,以满足不同层次学生的学习需求和发展水平。分层教学的核心思想是"因材施教",即因学生的差异性而采取差异化的教学策略,以实现学生的个性化发展。这种教学模式的目的是提高教学效果,促进学生的全面发展,减少学生之间的差距,促进教育公平。案例 3-3 讨论了根据学生的个体差异和需要在体育教学中设定分层目标的重要性。

案例 3-3 开心体育

1. 根据项目难度,设置阶段性的目标

体育项目难度的不同,学生的身体机能和接受知识的能力也具有差异性。因此,在体育教学中,教师应该按照体育项目的难度以及体育知识的复杂程度,对体育教学的目标进行层次化的设置,让学生按照阶段性的目标不断强化体育知识和体育能力。例如,多数学生接触过篮球,但是难免有部分学生由于某种原因,对篮球有抵触情绪。因此在篮球教学中,教师首先设置的目标是让学生理解篮球中的常用术语,然后将运球、传球和投球的基础姿势和技巧穿插在基础知识里,一方面引起学生的学习兴趣,另一方面为接下来的实操打下理论基础。在学生达到初级的目标后,教师设置目标让学生进行篮球项目的训练,进一步强化学生对技巧的理解。最后,教师设置的目标是学生能够较好地完成篮球实训,并在此基础上对学生的柔韧性、灵活性等能力提出不同程度的要求。通过层次化目标的设置,让学生阶段性地提高自身体育能力,既有助于体育教学的顺利进行,也能避免学生因为体育训练的难度而产生消极情绪。此外,在体育教学中教师应该积极引导并且鼓励学生不断突破自我,培养其体育竞技意识。教师在设置层次化的教学目标时,除了要求学生达到合格标准之外,还应该设置一些高层次的目标,培养学生挑战极限的能力,并且磨炼学生的意志。

2. 以学生的个体差异为基础,进行分层次的教学

由于学生基因和家庭等因素的影响,学生身心发展程度有快慢、早晚的差异。初中阶段是学生成长发育的高峰期,也是一个重要的分水岭。在这一阶段,学生在身高、力量、心理素质等方面呈现出明显的差异化。同时,因为兴趣爱好等因素的影响,学生对于体育项目的认知程度也是不同的。因此,教师应该从体育教学的共性与学生群体的个性之间探究分层教学的模式。首先,教师应该针对学生的生理特点等因素,对学生进行分层,保障不同学生都能通过体育项目的锻炼有所进步。其次,教师还应该根据学生的爱好和兴趣进行分类。教师在教学中可以将学生分为不同的等级,例如:第一类的学生代表身体素质优秀,且对于体育项目有着充分的认识了解。第二类学生身体素质较好,但缺乏对于体育项目规则和技巧的充分认识和了解。第三类学生身体素质一般,但对于体育项目有一定的认识和了解。第四类学生身体素质较差,对于体育项目也缺乏认识了解。通过这种分层,有助于结合学生的实际来帮助他们在体育训练中得到提升。例如,在教授跳

绳这一课时,对于第一类学生,教师一般只需要进行一些动作和技术指导就可以了,同时在体育训练中安排难度相对较高的训练。对于第二类学生,教师需要加强规则和技巧的讲解。学生在掌握理论技巧知识后,方能进行一般难度的体育训练。对于第三类学生,教师则需要安排难度适当的体育训练。而对于第四类学生,教师一方面要加强体育训练知识的培训,另一方面要安排学生进行循序渐进式的体育训练,让他们按照合格-良好-优秀的不同层次进行体育训练。

3. 构建层次化的体育教学评价体系

合理的评价能够帮助学生正确认识自己,也能让学生产生被认同、被肯定的成就感,对于激发学生的学习动力有着重要的帮助。在体育教学中不仅要在课堂目标的设置上以及学生群体的划分上进行层次化的设计安排,对于学生的体育学习效果也应该构建层次化的评价体系。针对学生的体育学习能力以及性格特点等的不同,教师要合理地进行评价,积极发掘学生身上的优点和闪光点,恰当地指出学生的不足。另外,在传统的教学过程中,教师对于学生的评价语言相对保守,常常使用"不错""还可以"等简单化的语言,难以激发学生的学习热情。因此每位体育教师应多使用积极的、肯定性的、具体的语言,让学生在体育学习中感受到成就感和认可感,从而提高学生体育学习的动力。

(撰写:林琳)

二、联系学生生活,灵动课堂教学

(一)利用学科知识科学解释生活中的现象

利用学科知识科学解释生活中的现象,是指将所学的学科知识与现实生活相结合,通过科学的解释和分析,帮助学生更好地理解和认识周围的事物和现象。

例如,为什么晚上的天空是黑色的、为什么水在加热后会沸腾、为什么植物需要阳光,等等。通过学科知识的科学解释和分析,学生可以更好地理解这些现象背后的科学原理和规律,从而更好地掌握相关的知识和技能。例如,我们可以通过物理学的知识来解释为什么晚上的天空是黑色的。白天,太阳光线直射大气层,经过大气中的微粒散射出更多波长较短的蓝色光,让天空呈现出蓝色。而到了晚上,太阳光线消失了,大气中的微粒也不再散射光线,天空呈现出黑色。通过这个现象的科学解释,帮助学生更好地理解光的基本原理,并且也能够引发学生对其他天文现象的好奇和探索。

(二) 利用学科知识妥善解决生活中的问题

利用学科知识妥善解决生活中的问题是指将学科知识应用到日常生活中,解决生活中出现的实际问题。案例3-4呈现了"食品中的化学"复习课的设计与实施。在该课中,教师通过设置学生熟悉的生活情境,让学生分析化学在食品中扮演的作用,在复习已学知识的同时,培养学生的问题意识和问题解决能力。

案例3-4 基于真实生活情境主题探究的化学复习课设计与实践

一、教学设计思路

"食品中的化学"是初三第一轮总复习时专题复习的内容。在这节课前,学生已经学习了所有初三化学的内容,包括酸碱盐等物质的相关性质,具备了一定的知识的综合应用能力和图表分析能力,对相关化学问题有敏感的意识,对科学、技术、社会的相互关系有一定的理解。

复习课的教学要特别强调利用科学知识解决身边问题的意识。常见酸碱盐等物质的鉴别,本质上是应用酸碱盐等物质的性质、变化等规律,解决综合问题的过程。本节课的设计思路是将这些综合问题纳入学生熟悉的生活情境,分为情境主题线、探究活动线和核心素养线。围绕三个实验情境,组织学生的探究活动,融入学生核心素养的培养。

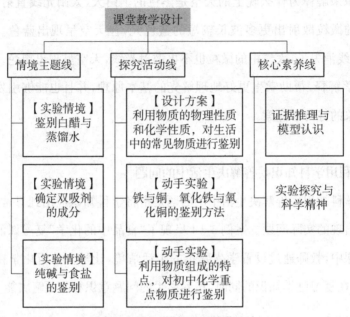

"食品中的化学"复习课教学设计

二、教学目标

本节课的目标是:

(1)通过设置学生熟悉的生活情境,在情境中培养问题意识,从而增长科学知识与技能;

(2)通过解决现实生活中的问题使学生掌握常见酸碱盐等物质鉴别的方法,培养鉴别的能力;

(3)在具体实例的分析中养成严谨的科学实验态度,积极探索生活中常见事物的科学本质,培养创新意识,树立积极的价值观。

三、教学流程图

本复习课的主要环节有三个:(1)学生设计方案鉴别白醋与蒸馏水,明确鉴别的一般方法和总的原则。(2)学生利用这些原则与方法确定双吸剂的成分,由此总结出实验室鉴别物质的具体步骤。(3)学生通过小组讨论,设计实验方案并进行方案的比较,动手实验鉴别纯碱、食盐和硫酸钠,加深对三种常见酸根鉴别的方法与顺序的理解。

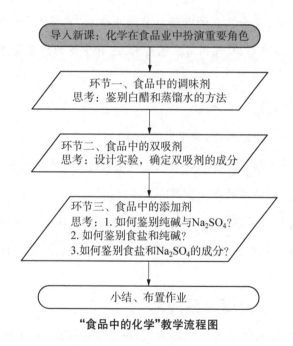

导入新课:化学在食品业中扮演重要角色

环节一、食品中的调味剂
思考:鉴别白醋和蒸馏水的方法

环节二、食品中的双吸剂
思考:设计实验,确定双吸剂的成分

环节三、食品中的添加剂
思考:1. 如何鉴别纯碱与Na_2SO_4?
2. 如何鉴别食盐与纯碱?
3. 如何鉴别食盐和Na_2SO_4的成分?

小结、布置作业

"食品中的化学"教学流程图

四、教学主要过程及分析

(1) 环节一:食品中的调味剂——白醋与蒸馏水的鉴别

【真实生活情境】展示两瓶无色液体,一瓶是白醋,一瓶是蒸馏水。请学生设计出尽量多的方法进行鉴别。

【方案讨论】学生进行小组讨论,整合可以使用的方法,并进行方案交流。

【小组交流】1.闻气味;2.尝味道;3.利用酸碱指示剂;4.利用碳酸盐;5.利用活泼金属;6.加入难溶性碱;7.加入碱性氧化物。

【问题引导】鉴别的一般方法有哪两类? 鉴别时要注意什么原则?

设计意图:引导学生明确一般的鉴别方法有物理方法和化学方法。在鉴别时注意操作简单可行、现象明显且不同等鉴别原则。

(2) 环节二:食品中的双吸剂成分的确定

【真实生活情境】某食品厂的月饼包装袋中取出"双吸剂"一袋,打开封口,将其倒在滤纸上,仔细观察,双吸剂为黑色粉末,还有少量的红色粉末。请问双吸剂的成分是什么?

【提出猜想】可能是铜或者铁。

【方案讨论】学生小组讨论,确定实验方案。

【学生实验】利用酸溶液与双吸剂反应的现象确定双吸剂成分。

【问题引导】鉴别物质的一般步骤有哪些?

设计意图:通过开放性的讨论,让同学们将所学的课堂理论知识用于解决实际问题,激发兴趣,巩固知识,并归纳鉴别的一般步骤:取样→加试剂→描述现象→得出结论。

(3) 环节三:厨房中常见物质的鉴别

【真实生活情境】现有三包白色粉末,已知分别是纯碱、食盐和工业硫酸钠,请同学们设计实验,进行鉴别。

【分析讨论】各组进行讨论,设计实验方案,达成实验目标。

【小组交流】各小组进行方案交流,选择最优方案。

【学生实验】分组实验,对三种样品进行鉴别。

【问题引导】请学生总结：初中阶段常见的三种酸根的一般鉴别方法与鉴别顺序。

设计意图：通过方案设计、方案比较和亲手实验，突破复习难点，使各个层面的学生对酸根的鉴别方法加深理解。

（撰写：袁申仪）

三、增加学生实践，丰富课堂教学

（一）通过观察和实验增进学生理解

观察和实验是科学学习中非常重要的一环。在教学中，通过观察和实验可以让学生亲身体验到科学知识的实际应用，加深对概念和理论的理解，同时也可以培养学生的科学思维和实验能力。通过观察和实验，学生可以将抽象的知识与具体的实践联系起来，更深入地理解知识的本质和应用，同时也能够提高自身的实验技能和科学素养。案例3-5呈现了在初中燃烧与灭火实验教学中如何通过观察和实验，调动学生积极性，增强其对理论知识的理解和掌握。

案例3-5　燃烧与灭火实验教学

一、教学目标

1. 认识燃烧的条件，能运用所学知识解决相关的实际问题。

2. 能运用控制变量的方法设计实验，探究燃烧条件。

3. 通过实验、探究等活动，学习对获得的事实进行分析，得出结论的科学方法。

4. 从日常生活现象出发，结合学生的自主探究，得出燃烧的条件和灭火的原理。

二、重难点

重点：理解可燃物燃烧的一般条件和特殊条件。

难点:学会自己设计实验,探究燃烧条件和灭火原理,学会运用化学知识解释日常生活中的相关现象。

环节	教师活动	学生活动	设计意图
创设问题情境	请各小组同学把桌上的蜡烛点燃,仔细观察有什么现象发生?	分组实验,对现象记录和交流	创设情境,激发探究欲望
交流与讨论	投影展示有关燃烧的图片。提问:燃烧的特征是什么? 师生合作:从燃烧的现象(发光、发热)和有新物质生成两方面讨论燃烧的特征,归纳燃烧的定义	学生讨论	培养学生观察能力,形成化学概念
交流并请学生提出假设	下面我们对燃烧的条件进行探究,燃烧需要什么条件呢?	学生分组交流讨论出的实验方案,制定最优实验设计,为实验探究做准备	培养学生合作探究的能力
进行实验探究活动	引导学生实验	学生分组实验: 1. 用燃着的火柴分别放入盛有水和酒精的蒸发皿中 2. 白磷和红磷在热水中燃烧情况的对比(如图) 煮沸的热水 白磷1 白磷2 红磷	

环节	教师活动	学生活动	设计意图
分析现象得出结论	和学生共同分析燃烧的条件	学生交流分析结果,归纳总结燃烧的三个条件 1. 物质具有可燃性 2. 可燃物与氧气接触 3. 温度达到可燃物的着火点	培养学生由表及里分析问题的能力
改进实验装置	就小组实验2可能出现的橡皮塞弹开的现象,讨论是否有改进方法	学生交流讨论: 可将橡皮塞换成小气球,这样既避免橡皮塞被弹开,也防止白烟进入空气中,污染环境	通过对实验方案的改进,培养创新意识和环保意识
趣味拓展实验"烧不坏的手帕"	考虑到实验安全性,需要教师和一位学生来共同完成 教师:烧坏的手帕 学生:烧不坏的手帕	观察实验现象,解释原因	
质疑并提供材料	通常可用水来灭火,也就是说物质在水中不能燃烧,对吗? 展示2008年北京奥运会时运动员在海洋中传递火炬的图片	学生往往回答:是的 学生好奇,仔细思考原因	纠正学生错误,深化理解知识
再次质疑进行实验探究	燃烧一定需要氧气吗?请同学们来做这组实验,讲解实验细节和注意事项 在大烧杯中放入一定量的碳酸钠粉末,将一根燃着的蜡烛固定在烧杯中,用坩埚夹持一根燃着的镁条伸入烧杯中,同时向	学生分组实验: 蜡烛和镁条在二氧化碳环境中燃烧情况对比 如下图所示: 	利用对比实验,突破重点知识,燃烧不一定需要氧气

环节	教师活动	学生活动	设计意图
	大烧杯内倒入适量的稀盐酸,观察现象	学生得出结论:燃烧不一定需要氧气	
进行实验探究	现在我们就利用桌上的材料来给点燃的蜡烛灭火,比一比哪个小组的方法最多(烧杯、扇子、剪刀、水、碳酸钠、白醋)	学生分组实验	通过实验探究,培养利用所学知识解决问题的能力
巩固练习	参与学生的评价交流,和学生共同归纳小结,通过对燃烧条件的探究,提问学生:你最大的收获是什么?你了解和掌握燃烧的一般条件了吗?	自我评价,交流体会	

(撰写:李超)

(二) 引导思考和表达增进学生理解

在教学过程中,教师可以充分发挥自己的引导作用,引导学生思考和表达,提高学生的学习兴趣和积极性,帮助学生更好地理解和掌握知识。案例3-6展现了教师引导学生思考和表达过程中对于函数学习的作用。在该案例中,教师采用引导性教学方法,通过一系列的探究过程和多媒体展示,引导学生从视觉表征和语言表征中理解函数概念,并自己发现和总结函数的特征和表达形式。

案例3-6 基于数学多元表征理论的初中函数教学的优化与落实

教师引导学生,通过一系列的探究过程,让学生自己去发现函数现象,学会用自己的语言总结函数概念。

　　比如函数的概念这节课,利用视觉表征让学生观看视频里显示的数字和高铁的运动状态,得出自己的结论。引导学生在这个时间段里发现,高铁的行驶时间与目的地的距离是不断变化的,而这辆高铁的速度和两地之间路程是不变的。在学生的积极回答中,教师用标准化的语言讲授常量与变量的概念,并指导学生观察结果,理解在现实问题中常量和变量是什么。接着,教师利用PPT展示"某一个水库水位的高低和蓄水量变化的表格",并提问学生是否能说出水位与蓄水量之间的关系。学生在教师的语言暗示下,自己思考,得出结论:随着水位的变化,蓄水量也在变化;水位一旦确定,蓄水量也随之确定。通过视觉表征,得到函数的表达形式——表格。教师用多媒体展示"水库中小鱼在水中游来游去的图片",结合之前学习代数式时用火柴棒搭小鱼的问题,提问小鱼条数和火柴棒总数的关系并用代数式表示出来。学生根据语言化表征,得出结论,并用自己之前学过的知识写出代数式。随后,教师引导学生说出自己身边的实际例子,学生合作交流,积极思考,分享日常生活中的案例。采用数学表征的语言表征,用自己的语言描述函数的概念。最后教师用数学语言对函数概念进行描述,并给出问题:用一根长 $2\,\mathrm{m}$ 的铁丝围成一个长方形,当长方形的宽取 $0.1\,\mathrm{cm}$ 和 $0.2\,\mathrm{cm}$ 时,长分别是多少? 这个长方形的长是宽的函数吗? 为什么? 在探究函数关系时,是在对学生的概念进行检验,提高学生解决和分析问题的能力,把握数学分析式的表征设计。

　　一次函数的探究过程,是对引入部分的数学结果进行函数概念定义的总结。如:"学生观察上述三个函数表达式,发现它们的共同特征,请用一般的形式表达出一次函数,并试着说明一次函数的一般形式中需要注意的部分有哪些?"教师引导学生发现未知数的系数和常数之间的共同点,结合数学多元表征的符号表征和语言表征,学生发现特征并写出一次函数的一般形式,并在小组中,讨论出一次函数的一般式的重点。

(撰写：王祎婕)

第二节　创新作业形式引导自主学习

"三让"之二的"让训练变得有效"指的是教育教学过程中,不仅要重视学生的知识理解和掌握,还要注重对学生的能力和素养进行培养和训练,使学生在实践中能够灵活运用所学知识解决问题。在这个过程中,作业扮演着非常重要的角色。鞍山初级中学聚焦作业攻关项目,凸显教学五环节中坚力量,形成系统的、有借鉴价值的专题作业设计案例。语文学科修订了七年级单元测试工具、九年级复习模块及专项训练测试工具。数学和英语学科研制了六、七、八年级校本作业。物理和化学学科制定了学科管理标准和校本专题复习作业。通过推进作业攻关项目,教师们设计多样化的作业,并提供伴随性的指导,切实做到减负增效,各年级学业质量皆有显著提升,学科教师的命题与选题能力也获得提升。

一、多样化的作业设计

学校以提升校本作业的有效性为主攻方向,积极开展实践研究,设计多样化的作业。教师们以备课组为单位,各学科教研组长统筹,落实"双减"和"五项管理"的要求,进行"有效作业设计"研究,根据学生的学情设计分层作业,即除基础作业外,设计可供学生自主选择的提高性作业、拓展性和探究性作业(或长作业)。同时,增设劳动教育、体育、艺术作业的设计与指导,以适合不同学力层次学生的需求,提高作业设计的针对性和有效性。

(一) 解决现实问题的生活化作业

生活化作业是指将教材内容与学生日常生活相结合,设计出具有现实意义的任务,让学生在实际操作中发现问题、解决问题。学生在完成作业的过程中能够体验到所学知识在实际中的应用和价值,提高积极性和主动性,从而达到让训练变得更加有效的目的。案例 3 - 7 呈现了三个数学函数作业,分别融合了树的年轮、运算程序、长方形的设计三个实际的问题。

案例 3 - 7 将实际问题的解决融入数学函数作业的设计中

(1) 树主干上的年轮代表着树的生长时间,树的成长时间不一样,年轮的圈数也不一样。请说出它们的自变量和因变量分别是什么。

(2) 根据运算程序(右图),写出几个输入值,并得出它们的输出值。其中 y 是 x 的函数吗? 为什么。

(3) 用 10 cm 长的绳子围成一个长方形,你能设计出与函数相关的问题吗?

(撰写:王祎婕)

(二) 伴随学生能力增长的长作业

长作业通常涉及多个知识领域和技能维度的综合运用,需要较高的思维深度和创造力,学生要花费较长的时间去完成。通过完成长作业,学生可以逐步提高对知识和技能的理解和应用能力,形成自主学习的习惯和能力。案例3-8呈现了初中政史地生跨学科长作业"四年四步"的模式,聚焦中考跨学科案例分析的能力要求,让长作业伴随学生从六年级到七年级、八年级,最后到九年级的整体学习过程,帮助学生巩固知识、提升能力。

案例3-8　初中政史地生跨学科长作业"四年四步"模式

结合中考改革新政,立足地生跨学科教学研究,政史地生学科以"长作业"为形式,以培养问题解决能力、综合思维能力为目标,聚焦中考跨学科案例分析的能力要求,初中四年分化目标和要求,提出"四年四步"模式(如图)。

政史地生跨学科长作业"四年四步"模式示意图

一、六年级为教师带领下的长作业探究

在这一阶段,由教师制定长作业课题,以讲座和课余辅导的形式,指导学生小组合作展开探究,具体分为四步。

第一步,教师基于地理和生命科学两大国家基础型课程的教学内容或拓展学习的内容选择课题。

第二步,教师多次开设"两类"讲座,对学生的探究活动给予具体指导。一类讲座针对全体学生,介绍如何进行本次长作业探究活动。另一类讲座则定期组织各小组长,进行组织能力指导。

第三步,教师关注学生的探究过程,并给予及时指导。

第四步,教师组织学生进行展示汇报和实践后的反思评价。

二、七年级为教师指导下的长作业探究

在这一阶段,学生根据《长作业指导手册》(以下简称《手册》)小组合作完成探究。《手册》分为三部分:引言、主体部分和附录。引言部分抛出某一主题,并对其进行简要的介绍,激发学生探究的欲望。附录部分提供了主要的参考书目与网站信息,为学生的探究提供最初的资料。主体部分逐步指导学生展开探究,分为"问题风暴"、分组、示例、正式探究四个部分。

在"问题风暴"部分,学生对主题提出自己感兴趣的话题,形成初步的探究意愿与方向,为之后的分组做准备。

在分组部分,学生根据"问题风暴"中感兴趣的话题或想要探究的内容,寻找志同道合的同学。教师根据学生自我评价量表的评价结果,遵循组内异质、组间同质的原则,让不同特长的同学组成探究小组。最终,班级内(或年级内)的学生组成探究小组,并明确分工。

在示例部分,《手册》给出材料和各学科研究方向的示例,学生根据《手册》上的步骤,小组讨论,确定各小组探究的子课题,并交由教师审核。

在正式探究部分,学生按照"小组分工,收集资料""资料筛选,分析整理""组织提纲,撰写报告"的步骤推进探究。在"小组分工,收集资料"和"资料筛选,分析整理"环节,《手册》提供收集资料的途径、方法等指导,并设计了便于学生记录探究过程的表格。各小组由组长负责,根据"附录I:课题探究指南"中的时间节点和任务要求,组织组员按时完成相关任务与过程性评价。收集完相关资料后,各小组需完成"课题小组探究资料评估计划及评价表",以总结这一阶段的学习过程。在"组织提纲,撰写报告"环节,《手册》提供了论文的格式和基本要求。小组形成论文的提纲后，交由教师审核。审核通过后，小组分工，撰写论文。各小组完成论文后，制作演示文稿并配5分钟左右的简短汇报，展示研究成果。

最后，根据探究过程和汇报情况，每位同学从两方面撰写反思。一是反思在探究过程中的收获与不足。二是撰写成长感悟，回忆在探究过程中得到的帮助，对给予帮助的同学、老师或家长等表示感谢，并记录下自己的心得体会，以验证自己的成长。

三、八年级为学生自主探究

八年级立足生命科学学习，主要进行渗透地理的生命科学长作业探究。这一阶段由学生自主选题、自由组队、自定计划，小组合作完成探究。

四、九年级聚焦地生跨学科案例分析

这一阶段以长作业形式串联起零碎的案例分析，让学生在问题解决的过程中，提高思维品质。

（撰写：雷婧嶷）

二、伴随性的教师指导

（一）作业单的设计

科学设计的作业单考虑到学生的认知水平和学习能力，合理分配任务量和难度。使用这样的作业单完成作业，有助于促进学生的自主学习和思考，提高学生的学习兴趣和自学能力，让学生顺利完成作业，达到作业育人的效果。案例3-9呈现了"国粹梨园，属京昆优雅"一课中作业单的设计。

案例3-9 了解京剧"四大行当"——"国粹梨园,属京昆优雅"一课的作业设计

【教材版本】上海教育出版社,九年义务教育课本《音乐》六年级第二学期第五单元"梨园金曲"。

【作业内容】分组了解京剧"四大行当"的相关知识。

【作业目标】

1. 知道何为"四大行当";

2. 了解每一行当的特点;

3. 知道每一行当具有代表性的角色和唱段。

【作业实施】

一、作业布置

(一)本单元第一课时教学内容。

1. 欣赏《我一剑能挡百万兵》;

2. 了解京剧发展的历史;

3. 知道京剧中常用的伴奏乐器。

(二)课后布置作业——了解京剧"四大行当"。

二、作业要求

(一)分组认领学习任务单,根据任务单要求去了解相应行当的知识。

"国粹梨园,属京昆优雅"学习任务单

学习内容:四大行当之_____

组员:_____

简介这一行当:

_____

_____

_____

_____

代表剧目、曲目和角色:

1. _____

2. _____

3. _____

代表人物:_____

用几个词或一句话提炼这一行当的特点:

_____

(二)在一周内共同学习完成学习任务单,并于下节课前完成作业展示的准备。

三、作业展示

(一)展示形式不限,可以用图文、视频配合进行解说、表演等形式。

(二)展示时间 3—5 分钟。

(三)组员全员参与,并能调动观看的同学共同参与。

(二)评价标准的指导作用

评价标准是指对某个事物进行评价时所依据的标准和准则。客观、全面、科学、明确、可操作的评价标准能够促进评价的公正性,引导教学的持续改进和优化。案例 3-10 呈现了"国粹梨园,属京昆优雅"一课作业的评价标准,分为学习任务单完成情况评价量表、作业展示评价量表、学生自评互评表,每一项都给出了具体的评价维度和评分注意事项。

案例 3-10 　了解京剧"四大行当"——"国粹梨园,属京昆优雅"一课的作业评价

【作业评价】

1. 学习任务单完成情况评价量表

	内容正确度 （60 分）	提炼的行当特点 精准度（20 分）	组员参与度 （20 分）
第一组			
第二组			
第三组			
第四组			

注:①内容正确度:专业知识正确 60 分;如有错误,视错误程度予以扣分;②提炼的行当特点精准度:这个学
　习任务总体考核了学生对所学行当知识的掌握程度,概括精炼到位 20 分,如不够精准的,适当予以扣分;
　③组员参与度:组员全员参与 20 分,如有组员没有参与本次学习任务,扣 3 分/人。

2. 作业展示评价量表

	展示内容 （50 分）	展示形式 （30 分）	同学参与度 （20 分）
第一组			
第二组			
第三组			
第四组			

注:①展示内容:图文、视频资料丰富、恰当,语言表述准确 50 分,有欠缺的视情况予以扣分;②展示形式:形
　式新颖有效 30 分,可通过表 3"学生自评互评表"予以体现;③同学参与度:展示环节中能调动观看同学共同
　参与,对作业内容有所反馈的 20 分,有欠缺的视情况予以扣分。

3. 学生自评互评表

	作业内容 (1—5分)	展示形式 (1—5分)	对你学习京剧有关知识是否有帮助 (1—5分)
第一组			
第二组			
第三组			
第四组			

注:每项5分为满分,1分为最低分。

第三节　用数字化转型赋能课堂教学

"三让"之三的"让教学时空延伸"是指教学活动不仅在课堂上进行,还延伸到课外时间和空间,让学生在生活中、社会实践中不断积累、深化和应用所学知识和技能。通过"让教学时空延伸",可以让学生在更广泛的社会实践和生活经验中学习和成长,提高学生的综合素质和实践能力,培养学生的创新精神和自主学习能力。

一、整合数字化资源,促进学生理解

(一) 优质教学视频融入课堂教学

优质教学视频是一种生动、形象、直观、丰富的教学资源,具有很好的教育效果。将优质教学视频融入课堂教学中,不仅可以丰富教学内容,提高教学质量,还可以激发学生的学习兴趣和积极性。案例3-11介绍了在"电功电能"一课中应用教学视频,帮助学生理解知识,传递节约能源、保护地球的理念的过程。

案例3-11　在物理课中应用教学视频

"电功电能"是人教版九年级物理教材第18章"电功率"第1节的内容,主要包括三个部分:电能、电能的计量和电功。在电能部分,学生主要是要了解"电从哪里来,又到哪里去",这是本节课的关键点。电能的计量部分,学生主要学习电能的计量工具和计量单位,这是本节课的重点。电功部分,学生主要理解电功的概念和计算公式,这是本节课的难点。这三点为本节课的核心内容。

(一)情境引入,主动参与

目的:体验电能与其他形式能的相互转化。

活动:教师通过课件向学生展示迷你卡通音箱、手摇手电筒、光能摇摆花以及平板电脑的图片,并让学生通过图片的引导发现这些器材都在大家的实验筐中。

设计意图:使学生在动手体验小玩具的过程中主动思考"这些玩具工作时,能量转化的情况主要是怎样的",从而引出电能的概念。

多媒体作用:在学生体验前,通过实物图片和文字向学生清晰地交代实验器材、实验目的、实验步骤,帮助不同程度的学生了解在整个活动过程中应该做什么以及怎么做,同时便于学生分析实验现象。

(二)情景重现,传递信息

目的:渗透节能环保的意识。

活动1:教师通过提问"生活中我们所需要的源源不断的电能是从哪里来的",指出电能的获得是需要付出代价的,所以我们要珍惜电能。随后,教师播放"地球一小时"新闻片段,呈现上海各个夜景景点一一熄灯的画面。

设计意图:通过情景再现,让学生知道可以通过关闭景观灯来节约能源,向学生传递节约能源,保护地球的理念。

多媒体作用:剪辑自制"地球一小时"新闻视频,将新闻中与本节课联系紧密的画面和音频剪辑成 45 秒的视频文件,从而内容紧凑、合理高效地重现当时的情景。

活动2:在学习完电能的计量单位后,播放视频"一度电的作用"。

设计意图:让学生了解一度(1 千瓦·时)电的作用,知道电能在生活和生产中的重要性,并呼应之前的"地球一小时"活动,进行节能环保意识的渗透。

多媒体作用:将课本上原有的图片制作成视频并配音,通过丰富多彩的影像资料,加深印象与记忆。

(撰写:陈敏媛)

(二) 虚拟增强现实优化呈现方式

虚拟现实技术(VR)利用计算机图形学、传感器、全息成像和人机交互等技术,使用户能够在虚拟的环境中进行互动。在教育中,虚拟现实技术通常包括 3D 模型呈现、情境再现、实验模拟以及交互式学习,通过优化知识的呈现方式,为学生提供更加直观、生动、具体的学习体验,增强学习的趣味性和有效性,从而提高学生的学习效果。学校可以创建一个虚拟实验室,让学生进行虚拟的实验,或是观察虚拟现象。学生通过使用旋转台、力计、天平等虚拟实验器材进行多次重复实验,通过手柄设备控制实验发生的速度,可以避免传统实验室中实验器材不足、费用高昂、实验有一定危险性、实验发生时间太长或太短等问题。学生还可以通过虚拟现实技术观察日常较难看到的物理现象,例如电子的运动轨迹、原子的结构等,并通过手柄设备控制现象发生的过程,从而拓宽学生的学习渠道和空间,增强学生的科学想象力和创造性思维。案例3-12呈现了教师在"电功电能"一课中让学生使用Flash进行虚拟实验,验证自己猜想的过程。

案例3-12　通过虚拟实验验证猜想

在"电功电能"一课中,教师安排了让学生猜想消耗电能(电流做功)的多少与哪些因素有关的活动。首先,教师让学生观察某小组同学上传的全年电费单,尝试回答"一年中哪几个月份的电费明显要多于其他月份? 可能是什么原因造成的?"然后,教师让学生通过事先制作的家庭用电模拟环境交互式Flash(如图),体验并观察家庭电器的用电情况,验证之前的猜想。在这个实验中,交互式的Flash模拟了家庭电路环境,同时也确保了学生安全(家庭电路220伏交流电不适合在教室演示实验)。通过实验,学生不仅能理解电能表的使用原理,还能探究电流做功多少跟电流大小和通电时间长短的关系。

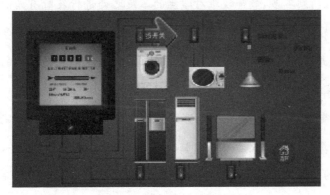

（撰写：陈敏媛）

二、应用数字化分析，深入了解学情

（一）及时性：基于学情及时调整教学

数字化工具具有使用方便、运算高效的特点。因此，教师借助数字化工具，可以及时了解学情，调整教学节奏，更好地指导和帮助学生，提高教学效率。案例3-13介绍了"电功电能"一课中，教师利用 AiSchool 教育应用程序，让学生在课前进行自主学习和交流讨论，发现学生的问题，及时了解学生的学情，并调整课堂教学节奏，以达到更好的教学效果的过程。

案例3-13　通过课前自主学习，及时了解学情

传统的课堂受到时间和空间的限制，教师为追求课堂教学的完整性，通常先教授知识，然后再安排习题训练。当学生在习题训练中表现出理解上的不足时，课堂时间已经所剩不多，教师较难对学生的不足之处进行及时有效的指导。如今得益于网络技术的发展，打破了空间和时间的限制，教师可以安排学生在课前进行自主学习，并收集学生的问题，在课上集中时间，给予学生针对性的指导。这样不仅节约了宝贵的课堂时间，还提高了学习效率。

在"电功电能"一课前，学生观察家庭电能表并阅读相关资料后完成学习任务单，并使用家用智能手机或者平板电脑登录 AiSchool 教育应用程序，上传任务单进行小组间的交流和讨论（如图）。教师通过查看学生们的交流，在课前就能发现学生存在的问题，从而及时调整课堂教学。

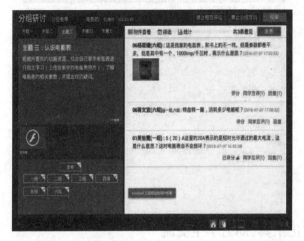

（撰写：陈敏媛）

（二）个性化：根据学情提供针对辅导

教师可以利用学习管理系统、在线测试、学习分析工具等技术手段，收集和分析学生的学情数据，以便更好地了解每位学生的学习情况和需求，进行个性化的辅导和教学。教师可以根据学生的表现，识别出学生的问题、需求，针对性地调整教学内容和节奏，对学习成绩较差的学生进行额外辅导，为学生提供更加有效的学习支持，提升教学效果。案例 3‐14 呈现了"电功电能"一课结束后，教师根据学生答题的情况，识别出学生的问题，给予针对性辅导的过程。

案例 3‐14　根据学生回答情况给予针对性的辅导

在"电功电能"一课结束后，学生通过平板电脑答题，巩固所学知识。教师通过平台，能了解全班每一位学生对本节课知识点的掌握情况，对于学生掌握得不太好的知识点进行及时补缺。

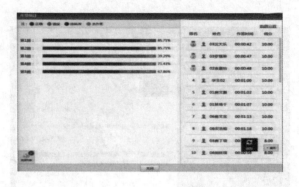

（撰写：陈敏媛）

三、借助数字化工具，助力学生交流

（一）在课堂上引入多元资源

现如今各类数字化资源与工具非常丰富，网络技术也让这些资源和工具的访问十分便捷。在课堂上，教师可以通过软件或网络，引入各类资源，支持学生的课堂学习。案例3－15呈现了徐老师在课上为学生提供多样的资源，帮助学生自主解决词汇问题的过程。

案例3－15　提供多样资源，帮助学生自主解决词汇问题

徐老师在初三"词汇专题课"中，能顺利和孩子们共建"和美"课堂，关键在于有效地指导学生独立运用资源。

徐老师首先分析了义务教育九年级结束时应达到的五级资源策略标准描述，发现以下几条与本节课相关：

- 使用简单的工具书查找信息；

- 能初步利用图书馆或网络上的学习资源；

● 尝试通过音像资料丰富自己的学习。

徐老师在课上给学生提供了词汇表、在线词典、语料库、影视资料四类资源，帮助学生形成资源意识，选择恰当的资源来解决词汇问题。

(1)《2021 年上海市初中英语课程终结性评价指南词汇表》(以下简称《词汇表》)

| relax v. (使)放松，轻松 |
| release n. & v. 释放，排放；发行，发表 |
| rely v. 依靠 |
| remember v. 记得；想起 |
| remind v. 提醒 |
| repair n. & v. 修理 |
| repeat v. 重复 |
| reply n. & v. 回答，答复 |
| report n. 报道；报告；成绩单 |
| v. 报告；汇报；(新闻)报道；调查报告 |

Vocabulary Exercises (relax – ride)

I. Complete the following sentences with the words or phrases in the box. Each can only be used once（将下列单词或词组填入空格。每词只能填一次）：

| repair | republic | resources | *research | response |
| result | retired | review | respect | |

1. When travelling abroad, it is important to _____ local customs and laws.
2. October 1, 1949 saw the founding of the People's _____ of China.
3. The volunteers collect food or money, paint, clean or _____ their houses or do shopping for the sick or old.
4. Water _____ are limited, though three-fourths of the Earth's surface is covered with water.
5. A _____ team in the United States first developed the concept of linking computers together in the 1960s.
6. I am writing in _____ to your letter of July 17.
7. Many _____ people take up gardening as a hobby.
8. Our first English assignment was to write a book _____.

通过翻阅《词汇表》(上图左)，学生能在相对短的时间里找到大量考核词汇。依靠《词汇表》中的母语翻译，学生不仅可以便利地了解简单词汇的意思，还可以运用母语进行自我检查。譬如，在本节词汇课中，对于词汇要求程度较低的题目（上图右），徐老师引导学生意识到使用《词汇表》就足够了。

(2) 各种在线词典

徐老师指导学生根据学习程度和需求选择恰当的词典。在课堂上，学生通过查阅各种在线词典，可以得到关于英语学习的正确有效的指导，这不仅能帮助他们解决学习中遇到的困惑和疑难问题，而且能培养他们自主学习的能力。但是，很多学生对于词典的使用还存在一些问题，如对于辞典的知识和功能了解甚少、常常局限于查单词的词义和读音，对于单词的用法、搭配和辨析等很多方面不求甚解，遇到有关词汇的疑惑后不知该查阅何种词典来获得所需信息。

徐老师在课堂上加强了使用在线词典这一资源的指导。徐老师从辞典的功能入手，把它们分为不同的种类，如：汉英词典、搭配词典、同义词词典等。其中，汉英词典能帮助学生在翻译或写作时找到恰当表达自己思想的单词或短语。搭配词典可以帮助学生了解英语词汇的地道搭配和习惯表达法。同义词词典可以帮助学生区别易混淆的词汇。通过这样的指导，学生可以在课后或课外用这种方法独立解决词汇学习的问题，进而实现自主学习。

(3) 语料库(Corpus)

语料库中的语言材料都是按照一定的语言学原则，运用随机抽样的方法收集到的自然出现的连续的语言运用文本或话语片段。这些材料不但具有代表性，而且不是孤立的句子或词汇，可以从中获得词汇、语法和语篇的信息。此外，这些材料的范围很广，既有学术语篇、报纸文章，也有随意的交谈，徐老师课上用的 skell 语料库就是如此。在语料库出现以前，教师很大程度上是依赖直觉判断词汇的使用方式。语料库的出现，为教师和学生提供了查询真实语言的用法、使用频率和搭配等信息的便捷途径。

(4) 影像资料

学生在日常生活和学习中会接触到包括空中课堂教学视频在内的很多影像资料。譬如，本节课中有一道首字母填空题"5. She came back to give us a progress r_____ on how the project is going."题中的"a progress report"词块的用法就曾出现在空中课堂的教学视频中。

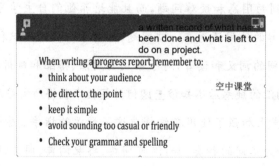

（撰写：谷文倩、俞泳哲）

(二) 学习成果的更便捷交流

在数字工具的支持下,学生的学习成果交流可以更为便捷、高效和灵活。通过各种在线工具和平台,学生可以与更广泛的群体进行交流和分享,同时也可以获得更多反馈。

第四章

和而异：和而不同促教师成长

行走在专业成长的路上，教师要有清晰的目标，要时常反思自己在哪里，将要去哪里；要不断修炼内功，要兼具关爱学生之心和专业实践之能，在培训、展示、科研等专业实践活动中，走出一条属于自己的成长之路。

第一节　聚焦学生,仁爱之心先于管理

作为一名教育工作者,教师应该始终以关注和关爱学生为先,秉持仁爱之心,尊重每一个学生,理解他们的需求和特点,关注他们的成长和发展。因此,教育工作者应该注重平衡,既要管理好学校和班级的事务,也要关注和支持学生的成长和发展。一方面,教师要为学生创造一个温馨、和谐的学习环境,让学生感受到关爱和支持;另一方面,教师也需要进行合理的管理,以确保学生能够在安全、秩序良好的环境中学习和成长。合理的管理不能一味追求效率,而忽视学生的个性和需求。只有聚焦学生,将仁爱之心置于管理之前,才能创造出一个真正意义上的优质教育环境。

一、"关爱学生"为核心的师德师风培养

关爱学生是师德师风的核心,涵盖了教育工作者在教育工作中应具备的职业素养、道德标准和行为规范等方面的要求,是教育工作者必须时刻牢记的职业责任和使命。关爱学生意味着教师要尊重学生的人格尊严、理解学生的需求和特点、关注学生的成长和发展,并为学生提供支持和帮助等。在关爱学生的过程中,首先,教师要秉持为人师表的原则,发挥榜样的作用,塑造良好的教育形象。其

次,教师要尊重学生的人格尊严、学生的意愿和选择,不施加过多的干预和控制。再次,教师需要关注学生的个性和需求,理解和尊重学生的个性差异。最后,教师要积极提供支持,帮助学生克服困难,实现自身价值。案例 4-1 呈现了一名担任班主任工作的地理老师秉承"关爱学生"的师德师风,通过详细了解情况、真诚交流、鼓励肯定、持之以恒,让班上的栋栋同学慢慢发生转变的过程。

案例 4-1 亮起孩子的心灯

从入学教育开始,栋栋同学就显得特别:在他身上,看不到孩子的阳光和可爱,看不到新生的好奇和紧张,看不到学生的认真和进取,有的是自由散漫、暴躁固执和极差的成绩。我和家长沟通时,家长也不止一次地反馈:儿子在小学时就不尊重老师,经常顶撞老师,对同学也是欺软怕硬,直言让教师对他的儿子不能太温柔,要凶一点。

我想,小学老师已经教育了栋栋同学五年,手法肯定娴熟,可还是没能转变他。他也已经跟老师斗争了五年,经验肯定丰富,怕是已经视老师为"仇人"。我虽然是栋栋同学的班主任,但没有高大威猛的身材,没有咄咄逼人的口才,也不是可以拿成绩作为筹码的主课老师。难道我一定要凶神恶煞才能征服他吗? 可即便表面上太平了,他的心里是不是服了呢?

一、了解情况,寻找对策

由于是中年得子,栋栋的爸爸妈妈非常疼爱他,祖辈更是溺爱,家里人当宝贝一样宠着。栋栋家是普通家庭,没有出过一个大学生,孩子自然也就成了他们的希望。栋栋的妈妈工作忙经常加班,基本顾不上孩子。栋栋的爸爸是单位司机,跟着领导转,上班时间不固定,也经常加班。栋栋平时就由爷爷奶奶照顾。在家庭教育上,爷爷奶奶显得心有余而力不足,开始进入青春期的栋栋也表现出对家长的叛逆。同时,栋栋不爱学习,爱玩电脑和手机,还经常跟同样不爱学习的同学在一起无所事事,欺负弱小,惹是生非。上课时,即使人在教室里,栋栋也是心不在焉,根本不想学习上的事。但是,栋栋目前面对老师的教育,还未出现小学时的顶撞现象(但看得出还是有一点点的不自在,或许也在寻找机会)。通过了解、观察、沟通,我认为栋栋出现的行为失范、学业不良等现象,与他从小缺少关爱和正确引导有关。孩子是无辜的,栋栋也有美好的向往,也想抬起头来与大家一起阔步向前。

二、真诚交流,达成共识

心病还须心来医。于是,在我与栋栋之间开展了一次又一次心与心的真诚交流。我的第一步就是让栋栋知道,他和班上其他同学是一样的,可以得到老师同等的爱,老师对他也会是同样的要求。栋栋表示这也是他自己所期望的。既然认同,我们就要付诸行动。接下来,我和栋栋重新认真学习了一遍《上海市鞍山初级中学学生一日常规》,他表示一定会遵照执行。我也告诉他不要着急,不一定要马上做到每一条,老师允许行规上的错误可以有第一次,但绝不允许有第二次(如若出现,必须自罚哦)。但是,我也要求栋栋在学习上必须听老师的要求,并且鼓励他现在的学习内容还比较简单,现在追还来得及。我还告诉栋栋,在处理与老师、同学的关系时,首先不能主动挑事,若有发生矛盾时第一时间找班主任。以上这些,我们都达成了一致。之后发生的一些事件,我都会抽丝剥茧地与他一起分析,然后都能心平气和地解决。

三、发扬积极,克服消极

每一个学生,即便是成长困难生,或多或少都有其成长的积极因素。对于栋栋,我更是多一份信心,运用鼓励、欣赏的态度,善于及时发现,甚至夸大他的小小优点,对他的点滴进步充分肯定,以便找到他良好转化的时机。

由于爷爷奶奶年纪大了,栋栋在家要承担一些家务活,所以他的值日生工作做得非常好,特别是在班级的第一次大扫除中他不怕脏不怕累。看得出来,他也非常想给大家留下美好的第一印象。在班级总结时我特别表扬了他。至今我还深深地记得他当时腼腆而开心的笑容。在以后每次他帮助老师送作业本、在课堂上精彩发言时,我都会给他一句夸奖的言语、一个赞许的微笑或是一次肯定的点头,而他又继续给我带来更多的惊喜。在一次语文期末考试中,栋栋竟然及格了,整个班级都为他鼓掌欢呼,语文老师还奖励他一个汉堡。栋栋还自觉想到不能在教室里吃零食,就在午餐时把汉堡带到了学校食堂吃完。

四、承认差异,适当特许

栋栋同学和其他同学的差异是客观存在的。这既是前期教育的结果,也是我对他后续教育的一种条件。如何立足于他的个性差异,满足他的个别学习的需要,以促进他在原有基础上得到充分发展,是我必须面对和解决的问题。

午间休息时间,同学们都在紧张地复习功课,值勤的小干部已经在岗了,教室里已经进入了安静的自修模式。但在走廊的北侧过道却慢慢冒出一个人来。这个人面贴着墙,拐弯,好像没有这堵墙的支撑,他马上就要倒下地去。他右侧向前,左侧朝后,然后右手举起,像挂在墙上,左手稍稍朝后下方,也是贴着墙壁。他脚步缓慢地往前挪,身体也慢慢往前移。终于到了教室门的对面墙的位置,他才转身进了教室。

这个人就是栋栋同学。午间自修时,他常常一个人在校园内进行半小时的散步活动,这是我特许的,因为他说吃完饭后不想马上学习。考虑到这时他在教室坐不住,要影响周围同学,我同意了他的请求。同时,我希望他在校园散步时,能感受到安静学习的校园氛围,能反思自己的行为,并保证散步完后,回教室会进入学习状态。

五、耐心主动,持之以恒

不可否认的是,栋栋的转变并不容易。他的不良行为、学习习惯不是一天形成的,当然也不是一朝一夕就能改掉的。

期末复习时,我走到教室门口,静静地看着坐在第一排的栋栋同学。他正盯着桌面上摆放着的刚发下来的数学卷子,左手摸着前额,肘部撑着课桌,右手拿着笔,时而转来转去,时而在试卷上写了些什么又马上涂掉。时间默默地过去了,栋栋的数学订正没有一点进展。周围同学都是那么投入的样子,唯独他,束手无策,又孤立无助。

我轻轻地走过去,看到了卷面上红红的47分。我弯下腰,轻轻地问:"会订正吗?"他边摇头,边弱弱地说:"不会。"我鼓励着说:"再把题目读一遍。"他一字一句地读完题目。我又轻轻地问:"会做了吗?"他在已经涂改过的试卷上又写了起来。很明显,是错的,他还是不会。接着,我们一起,一步一步地判断正负,一个一个地去绝对值,再逐个字母合并同类项,最后得出答案:2c。他的笔停下了。我问:"会了吗?"他回答:"会了。"我说:"我们检查一遍。"他从头到尾完整地复述了一遍解题过程。我说:"思路应该是对的,不知道我们的答案对不对?"我参考了旁边同学的正确答案,一样的。转过身来,我高兴地对他竖起大拇指,轻声地说:"对的!"他面带微笑,轻声地说:"谢谢!"我也微笑地告诉他,可以用同样的方法做后面的题目。不会的话,我们可以一起解决哦!

(撰写:颜秀丽)

二、"科学规范"为核心的管理能力培养

教师管理能力培养是指通过一系列的培训和指导,帮助教师在教学管理方面提高能力,从而提高教育质量和学生综合素质。在教师管理能力培养中,"科学规范"是一个重要的核心概念,指在管理活动中应当遵循的一系列规范和准则,旨在

保证管理活动的科学性、可靠性、公正性和合法性。因此，在管理能力培养方面，培养科学规范的意识和行为，是提高管理者管理能力的关键。教师也需要在教学管理中遵守科学规范，提高管理水平和教学效果。为此，鞍山初级中学的很多教师积极研读经典著作并展开了心理健康教育的理论研究，通过逐步整合学生视角和教育视角，用以实现教学优化和科学管理。例如，叶毅老师的《走出情感的烦恼》、郑淑芬老师的《咨询个案》、李英丹老师的《关于亲子关系引起的心理困惑个案分析》《偏执倾向学生转化过程》等论文成果在上海市德育论文征集中荣获奖项。案例4-2呈现了一名班主任教师在科学管理过程中的教育智慧。

案例4-2 青春献教育 爱心铸年华

"金无足赤，人无完人"，每个学生身上都有自己的优点。我能捕捉学生身上的闪光点，用"放大镜"来找优点，用学生自身的优点来改正他们的缺点。我不会因为学生的缺点而歧视他们，而是会特别关注他们：课堂多提问，课间多谈话，和他们拉家常，及时和家长沟通，使他们赶上班级的步伐。

我的班级上有一位兰同学，平时总是少做、漏做作业，因为她总是没有带作业本回家，备忘录也少写。每次教师批评后，蓝同学总是虚心接受，但屡教不改。我对兰同学进行了家访，了解到兰同学的爸爸长期在外地工作，妈妈是护士，每天早出晚归，一个人带孩子很不容易。而且兰同学的妈妈对她也没有办法，碰到事情之后，只会骂孩子，打孩子。所以，光靠家长是不能解决兰同学不做作业的问题的。

于是我自己想办法，让班级的小队长每天放学检查兰同学的备忘录是否抄写完整，回家作业的本子是否放进书包，第二天一早再检查兰同学的回家作业是否完成。一段时间后，兰同学基本没有少做作业的情况了。于是我就给兰同学的妈妈发了微信消息，先表扬了孩子，然后再提出需要家长配合的地方。家长收到后，对我也表达了感谢,并表示会配合老师一起教育好孩子。

我一直坚守在班主任的岗位上,我很喜欢做班主任,特别是自己有了孩子,又有了家长这个身份之后,对很多事情的想法跟过去不一样了。现在,我碰到事情后,会在老师、家长、学生这三种身份中换位思考。特别是有些家长不怎么会教育孩子,就更需要我们班主任帮助家长一起教育孩子。

(撰写:邱蓉)

第二节　聚焦课堂,进行教师梯度培养

教师是学校课程建设的核心力量,教师专业成长是课程建构的人力资源保障。课堂教学是教师最重要的职责之一,因此教师的培养要以课堂教学作为核心,注重提高教师的教学水平和专业素养。"聚焦课堂,进行教师梯度培养"意味着在聚焦教师课堂教学水平的同时,根据教师职业生涯阶段的不同、岗位的不同,提供个性化、针对性强的培训和发展机会,其意义在于:第一,通过聚焦课堂,让教师更加全面深入地了解学科知识、学生需求以及有效的教学策略,从而提高自己的教学水平和专业素养。第二,通过梯度培养让教师不仅关注自己的教学能力,也关注自己的职业生涯规划,实现职业发展与晋升。第三,通过聚焦课堂的教师梯度培养,提高学校教师队伍的整体教学能力和素养,进而提高学校教学质量。

学校"聚焦课堂,进行教师梯度培养"主要通过有主题、成序列、多层级的教师团队研训,采取线上线下混合式教师培训、青年教师发展共同体建设、跨校跨学科地理生物联合教研等形式,激励教师专业成长。对于职业初期教师,学校开展多

维推进的规范化培训。对于成熟期教师,学校开展多阶梯推进的系列展示课活动。

　　学校始终将教师队伍建设摆在学校工作的核心位置,构建"四维"研修。即以见习教师、职初教师、成熟教师、专家教师四个维度,满足教师不同"最近发展区"专业成长的需求;从师德师风、育德能力、学科素养、信息技术四个维度,促进专业技能各板块的协调增长。

一、多维推进见习教师规范化培训

　　随着教育改革和发展的不断深入,见习教师的培养工作越来越受到重视。针对这一现状,多维推进见习教师规范化培训已经成为教育教学领域中的一个重要趋势。"多维推进见习教师规范化培训"是指在教育实践中通过秉持组织严格、模块明晰、带教实效等理念,全面提升见习教师的教育素质和教育教学能力,确保其在日后的教育教学实践中能够胜任自己的工作。学校通过在组织保障、模块明晰、组团带教、开发微课等方面下功夫,多维推进见习教师的规范化培训,确保培训质量和效果。

(一) 组织保障,规范管理

　　在推进见习教师规范化培训的过程中,组织保障和规范管理是非常重要的一环。只有组织保障和规范管理到位,才能够确保培训的效果和质量。具体而言,就是需要建立完善的管理制度和规章制度。同时,还需要为培训工作提供包括场地设备、师资队伍、教材教具等各方面的条件和保障。

　　为使教师专业发展工作有效推进,鞍山初级中学严格根据《关于开展杨浦区教师专业发展示范校暨见习教师规范化培训学校创建工作的实施意见》和《杨浦区中小学(幼儿园)见习教师规范化培训的实施方案》,建立教师专业发展工作领导小组和见习教师规范化培训工作领导小组。校长任领导小组组长,师训、教导、政教、人事、总务、教研组长、年级组长等组室负责人担任领导小组成员,成员间分工明确,致力于健全教师专业发展规章制度,切实保障该项工作的有效实施。每学年,领导小组均利用校务会议(扩大)、行政例会等形式广泛征询意见,对"专业发展"的建设工作进行深入思考,结合校情和校本的自主发展需要,制定学校教师专业发展年度计划,注重满足各层面教师的专业发展要求。

领导小组为见习教师规范化培训提供的组织保障包括完善的培训计划和场所、设备的保障。学校提前制定详细的培训计划,包括培训的时间、内容、方式等,以确保教师在规定的时间内完成培训。同时,学校还为培训提供足够的场所和设备,例如教室、多媒体设备、网络等,以确保教师顺利完成培训任务。

领导小组为见习教师规范化培训提供的规范管理包括培训过程的监管和评估。在监管方面,学校严格监管培训的过程,确保教师参与培训的时间和内容。学校建立了完善的考勤、档案和证书管理体系,以便更好地记录教师的培训过程和效果,为后续的教师绩效考核和晋升提供重要的依据。在评估方面,学校通过考试、评估报告等方式,对教师的培训效果进行定量和定性的评估,以便更好地了解培训效果和教师的需求,优化培训方案和内容。

(二) 模块明晰,专业实效

在见习教师的培训中,需要制定科学合理的培训模块,并将各模块的内容与目标明确传达给见习教师,让他们能够更有针对性地学习。在培训模块的设计过程中,学校按照《杨浦区中小学见习教师规范化培训内容与要求》的规定,结合见习教师的实际教学情况,注重实用性和实效性,设置了"职业感悟与师德修养""课堂经历与教学实践""班级工作与德育体验"和"教学研究与专业发展"四个模块。学校注重规培课程的建设,尽可能提供真实的教学案例和经验,以讲座引领课程,以组内研讨落实具体培训要求,以导师个性化带教强化培训细节,全面落实"全浸润、规范化"的见习教师培训。

1. 职业体悟,强化师德修养

"职业感悟与师德修养"板块聚焦"坚守师德规范、明确职业使命"主题,开设师德讲座,提升学员师德修养,推荐见习教师阅读教育教学书籍,并撰写心得体会。此外,该模块还组织学员开展"于漪教育思想"学习活动,结合于漪老师所言所行,交流对职业的认识、对操守的敬畏、对使命的领悟。见习教师基于本模块的学习,撰写入职体会,思考个人职业发展规划,并展开线上线下分享交流活动。

2. 站稳讲台,聚焦教学环节

"课堂经历与教学实践"板块注重见习教师课堂教学基本功,以落实"教学五环节"为抓手,帮助见习教师站稳讲台。

一方面,借助学校骨干教师的力量,开设骨干教师讲座,从教案撰写、授课技巧、教学基本功等方面,对见习教师进行专业统一的辅导。通过开展"骨干教师示范课""青年教师公开展示课"教研活动,让见习教师领略观摩到不同学科的公开教学,开阔视野、博采众长。

另一方面,通过教研组和带教导师,带领见习教师熟悉课标、教材、课堂。各教研组组织见习教师参与教研组、备课组会议,熟悉学校教学工作的常规。导师带领见习教师研读课程标准和教材,学习规范备课,开展学情分析,基于学情进行教学设计,思考作业布置和评价中的分层教学,并指导学员进行教学展示,进行深度教学反思。

3. 积累经验，强化班级管理

相比起教学能力，见习教师在学生管理、特殊情况处理及家校沟通方面的经历和能力可能更为欠缺。因此，德育组在"班级工作与德育体验"板块的培训课程以"提高见习教师班级管理工作实务经验"为抓手，组织见习教师以多种形式，参与到学校德育工作的方方面面。

首先，由区骨干教师、校骨干班主任进行专题讲座，内容涉及"初中少先队活动课的内容与设计""家校沟通"和"班主任工作艺术浅谈"等方面。其次，组织见习教师参与德育会议、年级组会议，了解班主任工作常规、班级工作方法和艺术，学习班情分析、学生档案的建立，以及个案分析等。最后，在年级组的安排和导师的指导下，见习教师策划并主持一次主题班会，并进行校级展示。

4. 注重成长，做研究型教师

"教学研究与专业发展"板块的特色是"课程引领，项目推进"。学校要求见习教师积极参与各项教科研活动，学习课题研究方法，鼓励见习教师成为研究型教师。学校以正在主持或参与的多项市级、区级、集团的项目和课题研究为载体，组织见习教师积极参与到和各项目推进有关的教研组会议、备课组会议等活动中去，学习教学研究的方式方法。

(三) 组团带教，浸润有效

学校以"名师领衔、团队合作、骨干带教"为培训原则，确立"讲规范、必躬行、重实效"的培训目标，充分发挥教研组、备课组和年级组的集体智慧和力量，遴选教育教学基本功扎实、业务能力精湛、责任心强的班主任和学科带教老师参与见习教师培训工作，形成"组团式带教"模式。即将几位见习教师组成一个小团队，由一名有经验的教师担任带队教师，指导他们完成教学实践任务。这种方式可以使见习教师在实践中得到更加全面的指导和帮助,同时也能够加强见习教师之间的交流和互动,提高教学实践能力和团队合作能力,进而实现浸润式的有效培养。

具体来说,这种带教方式可以包括以下五个环节。

(1) 安排带教教师。每学期开始,学校邀请有着丰富教学经验的教师担任带教教师,并召开签约见面会确定师徒带教关系。

(2) 制定培训计划。带教教师认真学习《见习教师规范化培训手册》,针对学员个体特点,根据不同的教学阶段和教学目标,制定相应的培训计划。培训计划可以包括实验课观摩、课程设计指导、教案评审、教学反思等多个方面。

(3) 组织教学观摩。带教教师组织见习教师观摩其他教师的教学,在实践中学习不同的教学方法和策略,并对自己的教学进行反思和改进。

(4) 开展反思研讨。带教教师帮助见习教师进行教学反思和交流,理清教学思路,找到问题,并与他人进行交流,从而更好地提高教学水平。

(5) 做好管理评价。学校对带教教师、见习教师实行动态化的过程管理与评价,在日常监督的基础上,认真做好学期末的考评工作。

(四) 开发微课,按需学习

微课是短小精悍的在线视频课程,涵盖了特定的主题和技能,旨在为观看者提供即时和个性化的学习体验。微课作为一种有效的学习工具,能为见习教师提供便利的学习渠道,满足不同见习教师的个性化学习需求。

经学校领导小组研讨,学校形成了见习教师培训微课制作基本要求、微课制作格式规范。学校根据经验遴选出见习教师在教育教学上的主要问题与困惑,并结合"同事吧"中见习教师提出的问题,经研讨后形成指导型微课框架(如图 4 - 1 所示),并在此基础上研制课程纲要、研发微课内容和进行录制工作。

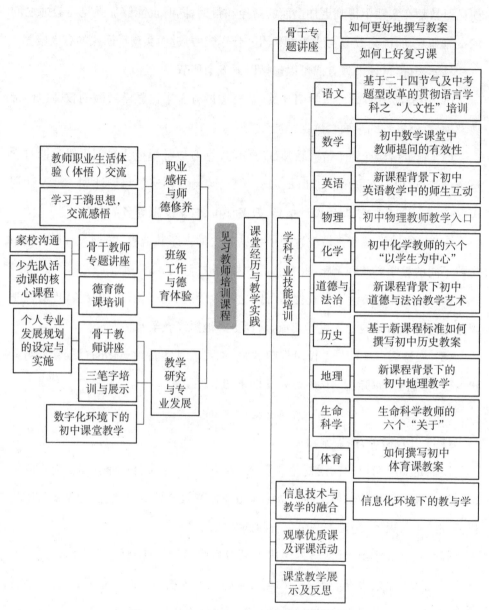

图 4 - 1　2020 年见习教师培训微课课程架构

在开发微课的过程中,学校根据见习教师培训的不同阶段,选择不同的内容。对于初期见习教师,可以提供一些基础知识与技能,如课堂管理、教学设计、评价方法等,帮助见习教师更好地理解教学实践的基本要素。对于已经有一定教学实践经验的见习教师,可以开发一些深入的专业课程,如教育心理学、教育技术等,帮助见习教师进一步提高自己的专业素养和教学水平。

在微课的使用过程中,见习教师可以根据自己的时间安排学习进度,自由选择微课程,按照自己的节奏进行学习,以灵活的方式观看微课。

二、多阶梯推进系列展示课活动

多阶梯推进系列展示课活动是指通过一系列的展示课促进教师专业成长和交流。这些展示课可以是由学校或教育局组织的,也可以是由教师个人或小组自发举办的。开展展示课活动的目的是通过互相展示和学习,推动教师的教学水平不断提高,同时也促进教师之间的交流和协作,为学生提供更好的教育服务。

(一)整体规划展示课的活动方案

学校首先对展示课活动进行整体规划,制定出详细的计划和方案,包括展示课的时间、地点、主题、内容、形式等方面的安排,同时考虑到活动的实际情况和目标,充分发挥展示课的作用,提高活动的效果和影响力。具体而言,包括以下七个方面。

(1)确定主题和目标:确定展示课的主题和目标,明确展示课的内容和形式以及展示课的参与人员和规模。

(2)选择展示课教师:根据主题和目标,选择展示课教师,确定展示课教师的授课内容和时间安排。

（3）制定时间表和计划：制定展示课活动的时间表和计划，包括展示课的时间、地点、参与人员、活动流程、评价方式等。

（4）确定评价标准：确定评价标准和评价方式，包括评价内容、评价对象、评价标准、评价方法等。

（5）设计宣传方案：设计宣传方案，包括宣传内容、宣传形式、宣传媒介等，以提高展示课的知名度和参与度。

（6）准备展示材料和设备：根据展示课的内容和形式，准备展示材料和设备，包括教学用具、多媒体设备、展示板等。

（7）安排后续延续活动：安排与展示课相关的后续工作，包括教学研讨、课程改进、教学辅导等，以提高教师的教学质量和专业水平。

（二）关注展示课前后的溢出价值

展示课作为一种教学展示形式，不仅仅是单纯地为了展示教师的教学水平，更重要的是为教师们提供了交流、分享、学习的机会。因此，为了发挥展示课的最大效益，课前课后的溢出价值也需要被关注。具体来说，关注展示课前后的溢出价值可以体现在以下三个方面。

（1）展示课前的准备阶段。教师在准备展示课的过程中，需要对课程内容、教学方法、教学资源等方面进行充分的研究和准备。这个过程能理清教师自身的教学思路，并积累教学资源。教师还可以通过和同事、专家的讨论和交流，了解其他教师的教学方法和经验，促进自己的专业成长。

（2）展示课后的反思与总结。教师在完成展示课后，需要对自己的教学过程进行深入的反思和总结，从中寻找到自己的不足之处，以便下一步改进和提升。

教师还可以通过和同事、专家的交流和反馈,获得更加客观和全面的教学评价和建议。

(3)展示课的延续与复制。展示课的价值不仅在于授课教师自身能力的提升,还要能有所推广和延伸,惠及其他教师。授课教师可以将自己的展示课作为教学案例分享给其他教师,或是在其他教学交流活动中进行分享和展示,让更多教师借鉴和学习(案例4-3)。同时,展示课的教学资源也可以被其他教师进行复制和推广,以促进更多教师教学质量的提升。

案例4-3 初三词汇专题课教学展示后的教师、专家点评与建议

2021年3月4日,作为上海市初中英语学科课程领导力实证研究英语学科成员校之一,我校承办了主题为"培养学生独立解决问题的能力"的研讨活动。本次活动聚焦于培养学生独立解决词汇问题的能力,让学生能够通过老师给予的多种资源,自主地进行词汇学习。上海市教委研究室赵老师,上海市风华初级中学林副校长,黄浦区教育学院英语教研员周老师,杨浦区教育学院英语教研员祝老师、卢老师,上海市英语学科中心组成员及初中英语学科课程领导力项目组成员校的代表教师参与了本次活动。

我校的徐老师进行了初三词汇专题课的教学展示。本节课聚焦于"学习策略",以多样的词汇学习资源:考纲单词表、词典、语料库等,教会学生独立自主解决词汇问题的方法,体现了"授人以鱼不如授人以渔"的教学愿景。在课后,听课教师、专家提出了如下点评与建议。

清华中学赵老师表示听完这节课后,最大的感受是"授人以鱼不如授人以渔",会思考徐老师课上传授的方法,在以后自己的课堂上教给学生。

莘松中学艺老师认为本节课非常真实,从词汇复习的难点出发,非常实用且

有效,为学生对英语的终身学习打下基础,使学生以后有能力选择适合自己的策略来独立解决问题。

尚文中学李老师觉得徐老师提供了学生可思考可练习的问题,让学生直接打开词典,任务真实。同时,基于学生真实的问题,给学生自主发现的机会。

黄浦区教育学院英语教研员周老师指出词汇教学需要教师引导学生在真实的语境中去独立自主地思考,应注重词汇的思维含量及学生认知策略的调动。在教学过程中,教师要指导学生选择适合的工具书,面面俱到是不可能的。同时应该让学生分享一下在阅读过程中词汇习得的经验。

第三节　聚焦难题,科学研究突破瓶颈

学校在开展教育教学学术研究方面,面临着各种难题和瓶颈。因此,在教师队伍建设时聚焦学校研究项目的难题,既能够让教师深入了解校情、生情,也能够让教师在突破科研瓶颈的过程中,获得科研能力的提升。一方面,通过聚焦学校研究项目难题,教师能更加深入地了解学校存在的问题和瓶颈,例如学生学习成绩不佳、教师教学质量不高等。在此基础上,教师通过科学的研究方法和策略,分析问题的原因和机制,并提出有效的解决方案和策略,能够促进教育教学和学术研究的顺利开展。另一方面,通过开展科学研究突破瓶颈,教师能逐步实现自身的成长和发展,积累宝贵的经验和知识,提升教育教学和学术研究的水平。

一、校本研修惠及全体教师专业发展

(一) 形成"一二三四"的校本研修机制

为有效开展校本研修,让全体教师都获得专业成长,学校建立"一二三四"校本研修推进机制(图 4-2)。

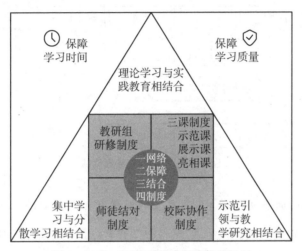

图 4-2 "一二三四"校本研究推进机制

"一网络":学校建立以校长为组长、分管校长为执行长、各职能科室分工合作的校本研修工作管理网络(图 4-3)。成员间分工明确,保证校本研修工作的有效实施。其中,科研室负责在前期调研的基础上,确定研修主题,制定学期校本研修计划。教导处负责组织带领教研组、备课组团队,开展基于课程与教学领域的校本研修。德育室负责带领年级组长及班主任团队,开展指向班级管理、德育活动组织、家校合作等德育管理领域的校本研修。总务处、信息中心等组室进行后勤保障技术支撑。

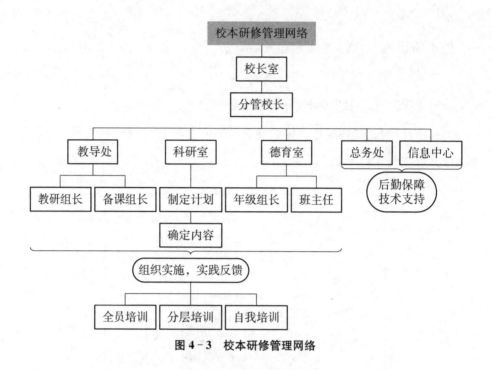

图 4-3 校本研修管理网络

"二保障":保障教师的学习时间和学习质量。在学期中每月开展一次主题教研活动、青年教师发展共同体活动、学科教学月教学研讨活动,在暑假内开展暑期专题校本研修活动,让校本研修时间得以固化。同时,学校校本研修在内容上对接中考改革,指向教师专业素养,以问题为导向,立足教育教学关键领域,确保教师的学习质量。

"三结合":校本研修集中学习与分散学习相结合,理论学习与实践教育相结合,示范引领与教学研究相结合。

"四制度":制定教研组研修制度、三课制度(示范课、展示课、亮相课)、师徒结对制度、校际协作制度,辅助校本研修的开展。

(二) 构建"3＋1"和三驱动的培训模式

学校关注培养教师的师德师风、教研能力、专业学力,以及信息技术能力("3 ＋1"能力)。在此基础上,学校提出"三驱动",即:课题研究驱动、项目研究驱动、课程研发驱动(图4-4)。通过"三驱动",聚焦教育教学关键领域和教师专业发展实际需求,逐步形成专家指导、交流分享、个人自学、跨校联动等研修路径,培养教师的"3＋1"能力。

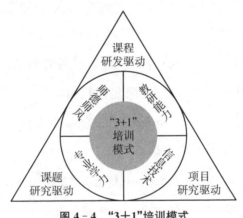

图4-4 "3＋1"培训模式

1. 师德师风模块指向"爱"

该模块的培训路径聚焦规范解读和挖掘身边普通教师的故事。研修的主题靶向清晰,指向鞍初教师应该具有的职业素养和精神追求,内容涉及广泛,包括教师职业道德规范的重温、市区各类意见指南解读、身边教师师德微光的精神传递、青年教师的入职誓言、朗读者经典诵读、书香校园的好书分享等。

2. 教研能力模块指向"研"

该模块的培训路径有三:

一是主题研修:围绕"数字化环境引领下的教师教育教学实践培训""让研修

优质有效——聚焦教师课堂教学及作业设计能力提升的实践研修"等精选主题，开展相关技术培训、组室研讨、研修成果展示等校本研修活动。

二是课堂研磨：通过骨干教师示范课、青年教师展示课、新进教师亮相课、青年教师说课比赛、青年教师云课堂公开展示课、学科主题月系列教学研讨等教学活动，建立起听课、评课——共同会诊——研究反思——回归课堂——反思总结——交流分享的课堂研修路径，加强课堂教学经验交流，倡导教师在自己的课堂中找问题、做改变、寻突破。在这样的过程中，教师既能呈现共性的教学问题，也能呈现个人的教学问题。

三是项目研究：目前，学校参与市区级各类教育教学研究项目共计 12 项（表 4-1）。这些项目立足中考改革，聚焦课程与教学。教师通过"研讨——反思——实践"的方式，参与到项目研究中，自主学习相关专业知识，研究学科基本要求和教学基本要求，提升专业素养。

表 4-1　2020 年学校参与的市区级教育发展内涵建设项目

项目 1	上海市课程领导力实证研究（语文、英语、物理、作业改进）
项目 2	上海市课程领导力行动研究 （指向学生综合素养的学校课程设计研究、提升作业有效性的实践研究）
项目 3	杨浦区国家基础型课程校本化实施区域行动研究项目 （统编教材背景下语文单元测试工具的开发与实施）
项目 4	杨浦区教研联合体项目（政史地生——跨学科整合长作业设计与评价；语文——名著导读；英语——基于标准的命题研究）
项目 5	中考改革背景下杨浦初中学校思与行"作业改进攻关研究共同体" （校本作业设计、讲评、评价、管理）
项目 6	新优质集群式发展（初中生综合素质评价方案设计与实施）
项目 7	健康促进工程（书法、足球特色项目建设）

项目8	生命教育一体化项目(校外实践联合研训——大中小衔接《户外生活》课程读本开发)
项目9	初小衔接可持续发展项目研究(初小衔接家长培训课程开发与实施)
项目10	见习教师规范化培训工作(教师规范化培训机制创新与课程建设)
项目11	创新试验区之基础教育云平台建设——创智云课堂
项目12	集团化办学(教育集团背景下教研与科研机制创新的实践研究)

3. 专业学力模块指向"学"

教师专业学力即教师在整个职业生涯中,通过专门训练和终身学习,逐步获得的教育专业知识与技能,并在教育专业实践中不断提高自身的从教素质。教师专业化发展的成熟度,不仅是教师教育教学能力的标尺,更是获得社会认可,提升教师职业声望的基础。除了集体教研外,学校要鼓励教师多渠道、多形式地开展自主学习,形成"一读、二说、三评"的教师专业学力自主学习模式。

"一读":学校工会牵头,组织教师以工会小组为单位,开展"和美阅读"的读书学习活动。学校图书馆定期向教师推荐各类书籍,鼓励教师定期借阅不同类别的书籍,增加阅读量,提升文学修养。

"二说":同样由学校工会牵头,组织教师以工会小组为单位,开展"和美沙龙"等形式的交流活动,增加教师自主学习和同伴互助学习的机会和积极性。

"三评":由科研室牵头,定期组织教师开展各类书籍的"精读体会"书面交流和评比活动,分为教学理论和经验传递专场、教育叙事专场、心灵感悟专场等。每个专场分设三类奖项,通过全校表彰等形式,激励教师开展多种形式的自主学习。

4. 信息技术能力模块指向"新"

结合教育部相关文件精神,学校落实"坚持教师为本、学用结合,坚持精准测评、个性服务,坚持结果导向、过程指导,坚持分步推进、分类实施"的基本原则,按照"统筹规划、分类实施、整校推进、学用融合"的实施策略,打造"整校推进、全员参与、立足应用"的信息技术与教育教学融合创新发展的新模式,全面开展"整校推进"工程。

鉴于信息技术本身具有随着时代发展不断更新的特点,教师技术能力培训也要指向"新"这个关键词。在培训团队的引领下,学校采用"集中培训与分类培训相结合""专题辅导与个人研习相结合"等方式进行培训,构建线上线下双循环培训模式,将集中研修、网络研修与实践应用相结合,以学科信息化教学为重点,全员推进开展教师技术能力培训。

第一,集中研修。首先,由学校负责组织,各教研组具体承担组内现场实践性培训,主要负责本学科集中现场实践性培训,通过主题培训的形式开展,采用案例"观摩、解读、研讨、实践、评价"的培训流程。其次,采取学校集中培训和教师个人分散学习、网上交流和定期研讨相结合的方式进行校本研修。学校的主要任务是设计系列校本研修活动,组织教师将学习掌握的信息技术理论与技术手段应用于教学实践,改变教师的教学方式和学生的学习方式,打造师生负担轻、教学效果好的优质课堂。最后,校本研修采用寒暑假集中培训的方式,进行演示文稿设计与制作、微课程制作等多种培训。

第二,应用实践。采用自主选学、实践为主的培训方式,组织开展教师全员培训、教学实践和应用研修。教师将培训期间获得的理论知识、实践方法应用在教育教学实践中,巩固深化研修所学,不断反思、总结、提炼,形成经验,提炼成果,实现个人特色。

（三）开发分类分层校本研修培训课程

学校的校本研修课程分层分类整体推进。在分类方面,根据课程内容,分出通识培训、专业培训、信息技术培训三类。在分层方面,根据教师的教龄,分出全体教师、青年教师发展共同体、职初教师三类培训对象(见图4-5)。

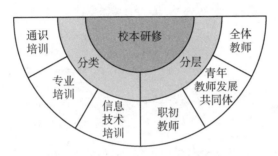

图4-5　分层分类的校本研修课程框架

多年来,学校在专家的指导下,以"人和校兴"的办学理念为内核,加快对校本研修课程的顶层设计,课程框架凸显模块化和主题化的特征,体现实践性和适切性的课程特色,形成了一些优质稳定的校本研修课程(见图4-6)。

	全体教师	青年教师	职初教师
通识培训	"以爱感人 以情动人" "习字修身 墨香润心"	专题讲座 职业感悟	骨干讲座 实务培训
		文学阅读 人文行走	
专业培训	"教师教育教学基本功面面谈"	专题讲座 德育研修 课堂教学 项目研究	教学实践 观课评课 班级管理 家校沟通
信息技术培训	"信息化环境下教与学"	专题讲座 技术培训	
		实践探索 交流互动	专技培训 同伴互助

图4-6　校本研修课程

学校面向全体教师的通识培训课程"以爱感人　以情动人""习字修身　墨香润心"已申报区级师德与素养校本研修课程,专业培训课程"教师教育教学基本功面面谈"、信息技术培训课程"信息化环境下的教与学"已申报区级知识与技能课程。

学校面向青年教师的培训课程积极开展专题研修活动,让青年教师参与到专题讲座、指向提升学生核心素养提升的中考试卷命题方向研究、教学设计研究、云技术培训、教育教学汇报、读书分享、说课比赛、集团微课制作及演讲比赛等多种形式的研修活动中去。

二、教育科研铺就教师专业发展之路

教育科研是指教育领域的科学研究活动,旨在通过科学的研究方法和手段,深入研究教育现象,探讨教育规律,提高教育质量和水平。学校通过开展教育科研,铺就教师专业发展之路,使得教师能够在不断探索和实践中提高自己的教学能力和教学水平。2021 学年,学校有 5 名教师为上海市第四期双名工程攻关计划名校长名教师后备,有 3 名教师参与市空中课堂的录制,5 名教师为区学科带头人,5 名教师为区学科骨干,1 名教师为区学科骨干后备,9 名教师为 2020—2023 学年杨浦区中学学科德育教研中心组成员。同年,学校有 2 名英语教师实现职称晋升(高级、中级各 1 名),1 名数学教师荣获区小荷杯三等奖,1 名教师荣获杨浦区 2021 年园丁奖,《跨学科联合教研"执行长制"》荣获杨浦区第十三届教育科学研究成果二等奖。

(一) 制度建设鼓励教师参与教育科研

为激发教师的研究热情和积极性,学校建立了完善的教育科研制度。

首先,学校制定了一系列科研项目,如青年教师教学研究课题、教育科研课题等,并制定相应的奖励政策,鼓励更多的教师积极参与教育科研活动。

其次,学校建立了教育科研工作组,负责组织教师开展教育科研活动,同时建立了教育科研管理制度,确保教育科研活动的规范性、有效性。例如,制定《上海市鞍山初级中学跨学科"执行长"联合教研管理制度》,形成《上海市鞍山初级中学跨学科"执行长"联合教研年度考评表》(表4-2)等,用制度规范教研管理,实现了教研资源的高效融通。

表4-2 上海市鞍山初级中学跨学科"执行长"联合教研年度考评表

评价指标	评价内容	评价意见		
		优秀 (5分)	良好 (4分)	一般 (3分)
常规工作	1. 积极协调和参与工作例会,有书面记录			
	2. 主动参与联合体常规工作			
	3. 联合体成员主动参与联合体(含本校)听评辅导(一年内不少于12节)			
教学展示	4. 开设公开课积极性高			
	5. 联合体成员开设校级及以上公开汇报课或专题讲座(一年内不少于1次)			
	6. 教学展示的探究内容能紧扣思维培育的主题,有自己的思考或创意			
交流分享	7. 主动承接联合体各校教师研修,开展专题讲座、教学研讨等活动,促进教育智慧分享			
	8. 积极提供主题研修的案例、论文、工作交流、活动报道等			
保障支持	9. 主动为各项研修活动提供设备、技术支持			
	10. 建立有效机制,保障"学科整合"和"专题融合"两大模块研修的有序运作			

总体评价(不超过200字)	总分：

最后,围绕"政史地生跨学科长作业设计与评价"开展研究。各学科"执行长"聚合教研资源,组织教师开展探究,形成"关于长作业设计与实施模式、长作业讲评策略、评价量表、长作业学习效能分析"等研究成果。

(二) 指导机制增强教师教育科研素养

为了增强教师的教育科研素养,学校建立了指导机制,提供有针对性的指导服务,以帮助教师更好地开展教育科研活动。

1. 跨学科"执行长"联合教研机制

学校建立了教育科研导师制度,由专业教育科研人员担任教师的指导老师,指导教师进行教育科研活动,提高教师的研究能力。其中,跨学科"执行长"联合教研机制(图4-7)便是学校创新应用,隶属于"项目化"教研机制,指区域内多所学校为达成跨学科教研的某一项目研究任务而共同建构的教研机制。教研联合体主持校审议、通过由各成员校推荐的学科"执行长"(类似于跨校的学科备课大组长)。学科"执行长"领衔教研联合体各校的本学科教学研修,并统筹跨学科教学研修。

(1) 管理中心:由联合体主持校校长组织,联合体各成员校分管校长参与研讨,负责"执行长"联合教研机制的顶层设计。

(2) 事务中心:负责运行"执行长"联合教研机制的相关事务性管理任务,具体

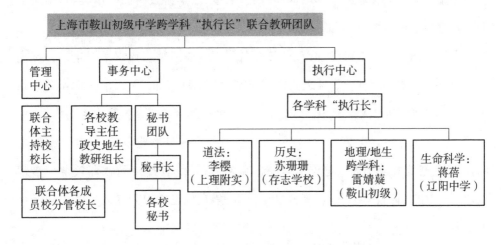

图4-7 上海市鞍山初级中学跨学科"执行长"联合教研团队

包括:一是各校教导主任、政史地生教研组长负责拟定项目研究推进计划,推进项目研究开展(召开工作例会,拟定公开课、研讨活动、展示交流等)。二是秘书团队:各校教导处指定联合体秘书,多校共设一名秘书长,专门负责联合体教研资料的收集和整理工作。

(3) 执行中心:由学科"执行长"(一般为项目成员校的教研组长、区域骨干教师)组成。"执行长"在专家指导下,研究决定跨学科教研项目整体运行方案,如提出学科子项目研究的长期(3年)和中短期(每学年、每学期)目标、设定教学研修的基本模块等。

2. 邀请专家开展教育科研培训活动

学校开展了定期的教育科研培训活动,邀请专业人员授课,以提高教师的教育科研素养。近三年,两次邀请大学教授给予基于教育理念和学科相关领域的前沿研究,三次邀请市教委相关专家给予政策和教育理念解读,五次邀请市、区各级各类专家给予不同领域的专题培训,多次邀请市、区学科教研员和市、区名师给予学科教育教学针对性指导和专题培训等。

学校还积极选送教师参加市、区各级名师基地或名师工作室学习培训。截止到 2020 年,有 16 人在市、区各级名师工作室学习培训。如:第四期"上海市普教系统名校长名师培养工程""攻关计划"名校长、名师后备,法治素养培育工作室,中学数学教育工作室,"艺术云"音乐创新工作室等。通过形式多样、内容丰富的培训,学校管理者拓宽眼界,提升管理理念和能力;一线教师接触教育教学前沿信息,充分领悟教育教学理念,提高自身学科素养,在理论学习和深入实践中提升个人素养。

通过努力,学校被评为区"十三五"中期校本研修先进单位。学校有多位骨干教师参与第四期"上海市普教系统名校长名师培养工程""攻关计划"名校长后备、名教师后备学习等,区级以上骨干数量由 2017 年的 3 人,上升到 2020 年的 12 人,骨干教师比例由 4.2% 提升为 16.9%,已形成老中青相结合的骨干教师梯队。五位教师成为区中小学幼儿园学科(教育教学)研究中心组成员,两位教师参与疫情期间市空中课堂的录制。学校三年内有四位教师获得职称晋升(两位高级、两位中级)。一位教师获得上海市初中青年数学教师优秀课评选活动暨杨浦区初中青年数学教师教学比赛三等奖,一位教师获得区中学第十三届"百花杯"教师教学评优活动历史学科三等奖。

此外,学校教师科研项目也成果斐然,一项课题获市一般课题子课题立项,三项课题获区级一般课题立项,一项课题获区级规划课题立项,近三年还有 37 篇论文发表于核心期刊或在市级、区级评比中获奖(见表 4-3、4-4)。

表4-3　2019—2020年鞍山初级中学教师专业发展情况统计表

序号	内　　容	人数
1	上海市第四期双名工程攻关计划名校长、名教师后备	5
2	入选第四期"上海市普教系统名校长名师培养工程""攻关计划"基地	5
3	区学科带头人	3
4	区学科骨干教师	7
5	区学科骨干后备	3
6	杨浦区中小学幼儿园学科(教育教学)研究中心组	9
7	入选2019—2021杨浦区"名教师"工作室	10
8	校骨干教师	4
9	参与疫情期间市空中课堂的录制	2
10	新增中学高级教师	2
11	新增中级职称	2
12	上海市初中青年数学教师优秀课评选活动暨杨浦区初中青年数学教师教学比赛三等奖	1
13	杨浦区中学第十三届"百花杯"教师教学评优活动历史学科三等奖	1

表4-4　多项课题获区级课题立项

序号	课题名称	立项情况
1	初小教育衔接可持续发展的实践研究	市一般课题子课题
2	初中地理课程长作业及其评价机制的探究	区一般课题
3	指向提升初中生综合素质的"和美课程"群重构与学习方式变革研究	区一般课题
4	"初探真实生活中的化学问题"拓展课教材开发研究	区一般课题
5	新课程背景下语文学科校本作业设计的研究	区规划课题

第四节 聚焦技术，积极回应时代要求

随着信息技术的飞速发展，数字化已经成为了现代社会的重要特征之一。在这样的背景下，数字化已经渗透到了各行各业中，教育行业也不例外。数字技术可以为教师提供更加丰富、多样的教学资源和工具，使教学变得更加生动、灵活，促进教学效果的提高。此外，数字化教育可以基于大数据的优势，为学生提供更加个性化的教育方案，让每个学生都能得到量身定制的教育服务，从而更好地满足学生的个性化需求。

但是，数字化教育的有效开展以及学校数字化转型的真正落实，需要有一批具备数字化素养和数字化教育能力的教师。提高教师的数字化素养已经成为推动数字化教育发展和变革的关键因素之一。因此，鞍山初级中学在推进数字化教育的同时，还积极推进教师的数字化教育培训，从专项培训和实际运用两个方面入手，提高教师的数字化素养和数字化教学能力。

一、通过专项培训增强教师数字化素养

学校主要基于"云技术"和"云课堂"，开展与数字化教育相关的培训活动，提高教师的数字化素养和教学水平，使教师能够更好地适应数字化时代的教育需求，发挥数字化教育的优势，提高学校教育教学质量。

(一) 基于"云技术"的教师全员培训

学校通过线上教学平台组织全体教师参加相关的培训活动。这种基于"云技术"的培训打破了时空的限制,让教师可以随时随地参与培训,提升了教师参与培训的便捷性。培训的内容包括但不限于:数字化教学技术的应用、互联网教学平台的使用、在线教学工具的掌握、数字教育资源的应用等,帮助教师在更好地掌握数字化教育技术和方法的同时,提高教学水平和教育教学质量,整体提升学校数字化教育的发展水平。

学校基于"云技术"的教师全员培训包括以下三个环节。

第一,确定培训内容和形式。学校根据教师的数字化素养和实际需求,确定培训内容和形式,包括课程设置、教学资源、教学工具等。

第二,开展线上培训。学校通过专业线上教育培训平台或者学校自建的云平台,为全体教师提供线上数字化教育技术培训,培训形式包括在线课程、研讨会、网络研修等。

第三,鼓励互动和实践。学校通过各种形式鼓励教师之间的交流和互动,提高教师互相学习和探讨的积极性,并鼓励教师通过实践巩固所学的数字化教育技术。

案例 4-4　云端教研培训　提升教学素养

2022 年 3 月,在开展在线教学的四周时间里,学校各项教育教学工作齐头并进,老师们主动担当,积极作为,迅速适应教学环境的改变,通过"云端"备课,细研教材、精琢教法,有序开展线上授课、答疑互动、批阅作业,追求线上线下教学同质等效。同时,老师们立足自身教学实践,不断提升信息技术应用能力,学习新的技巧,从熟练掌握到精益求精。学校在备课组研讨的基础上,以教研组为单位,每两周开展一次集体培训,聚焦在线教学研修主题,交流经验与困惑,共同商量解决方法。

为进一步提升线上教学质量,充分发挥集体智慧,进行经验分享,学校于2022年4月11日召开了全体教职工共同参加的"云端教研凝智慧,线上教学展风采"线上教学培训。该培训由教导主任主持,各教研组长围绕"线上教学经验分享与问题探讨""如何提升线上教学的有效性"等内容总结优秀的做法与经验,实现共同成长。

语文教研组课前10分钟在腾讯课堂ppt首页写上本节课的教学重点,方便学生了解上课内容,高效完成学习。教研组还充分发挥网络优势,了解学生学习中的共性问题、重难点问题,采用文字、语音、图文说明等方式帮助学生答疑解惑。

数学教研组利用多种教学手段,提高教学效能。例如,七年级利用多种工具开展教学,包括使用电脑、iPad、希沃白板等,通过非常顺畅的书写让学生仿佛在体验线下课堂的板书,有利于提高数学老师的教学效果。

英语教研组课后及时反馈,答疑解惑。课后,老师充分发挥网络交流的优势,另开腾讯会议、微信、QQ等多种方式为个别学生交流答疑,抽背课文,及时为学生答疑解惑。

理化教研组利用多媒体手段,增强有效的生生互动。老师根据上课重点内容设计问答环节,借助平台"举手"功能随机抽取5到7位学生,与其连麦,回答问题;同时利用平台"讨论区",让学生将自己的见解发在讨论区,或者将分析过程以截图形式实时发送至讨论区,或者以私聊的方式发给老师,与同学和老师分享、交流,便于老师加以指导。

(二) 基于"云课堂"的青年教师培训

学校基于"云课堂"技术,利用在线学习平台或者远程视频会议等形式,开展针对青年教师的数字化培训,其意义在于以下三个方面。

(1)提升青年教师数字化教育水平。如今,教育教学方式发生了很大变化,数字化教学工具也在不断更新,青年教师需要掌握更多的数字化教学技能和知识。通过基于"云课堂"技术的培训,可以帮助青年教师熟练掌握数字化教学工具和平台,提高数字化教学水平。

(2)推动学校数字化教育具体落实。数字化教育平台可以极大地促进教育教学方式的转型,提高教育教学质量和效率,但其应用需要得到教师的认可和支持。通过基于"云课堂"技术的青年教师培训,可以让更多的教师了解并掌握数字化教学工具和平台,推动学校数字化教育的具体落实。

(3)促进青年教师的专业发展。青年教师是教育教学领域的未来和希望,提供数字化环境下的专业培训和指导,有利于促进其专业发展和成长。同时,通过培训和指导,青年教师能够更好地适应数字化教育时代的需求和要求,为学校数字化教育发展提供更加坚实的帮助和支持。

学校基于"云课堂"的青年教师培训包括以下四个方面。

(1)设计课程内容:课程的内容与教学高度相关,包括如何使用数字化工具辅助教学,如何进行线上课堂授课等等。同时,学校还针对青年教师在教学实践中遇到的具体问题,通过课程内容的设计,为青年教师提供相应的解决方案。

(2)引领教师成长:学校邀请具有丰富教学经验的教师,或是拥有相关数字化技术背景的专家来进行培训。通过在线视频会议等方式,让青年教师能够与培训教师进行互动交流,学习相关知识和技能。

(3)提供学习资源:学校提供数字化学习资源,例如在线教学视频、电子教材等,让青年教师更加深入地学习数字化工具的使用和相关知识。

(4)建立交流平台:学校还建立青年教师互助交流平台,让他们可以在学习过程中互相交流,分享学习心得和经验,共同提高数字化素养和教学水平。

案例 4 - 5   青年教师发展共同体云上培训共成长

在全校培训的基础上,为进一步优化学校在线教学的各项工作,促进青年教师间相互学习,实现智慧互通,学校召开以"云上教学展风采,一路前行促成长"为主题的教师在线教学经验交流研讨会。六位青年教师代表围绕"努力构建优质而温暖的在线教学"主题,分享各自在线上授课期间的做法和经验。

王老师聚焦学校优秀少先队员活动,分别就"线上仪式,成就幸福人生""线上展示,成就幸福生活""线上活动,成就幸福家庭""线上团课,成就幸福少年"四大模块进行内容展示。王老师结合学校"和而有长、博能兼美"的"和美"育人目标,打造了线上 15 分钟幸福新天地,给学校少先队员们提供了一个展示自我、互相学习的平台,旨在发挥少先队独特的组织优势、资源优势和活动优势,提升荣誉感、归属感和幸福感。活动内容涵盖了"五育并举"的方方面面,有效地将少先队员们凝聚在少先队组织周围,打造了一个居家学习的幸福新天地。

严老师从提升在线教学技能的角度出发,与教师们分享了关于语文学科名著阅读教学的特色做法。她结合六年级第二学期的名著阅读要求,在线上展开了一周一节的《鲁滨逊漂流记》名著阅读专题课。通过四周名著教学的实践,严老师认为,只要方式方法得当,线上教学不会减少学生的学习积极性,通过表格、绘图、小组任务等丰富多彩的形式,也能让名著学习充满暖意与活力。

杨老师立足班主任身份,谈了谈班级管理的做法。为纠正班级线上学习风气和舒缓学生心情的目的,她召开了一次"线上学习状态下的'自律'与'自处'"的主题班会。班会围绕着"状态测试识不足""自省之余学方法""畅所欲言消烦恼""不负今朝向未来"四大环节,让同学们畅所欲言,使他们在认识到自身不足后学习到改变的方法,解决了烦恼。

　　龚老师根据英语学科的特点选择了多种教学平台,采取多种形式与学生进行互动。她的教学心得体现在教学策略中,通过整合教学资源,寻找上课需要用到的拓展材料,发放在"晓黑板"平台的班级共享文件中,让学生每天上课时手里有任务单,跟着课堂环节完成任务单,下课后上传课堂的任务单,在在线教学的过程中让学生们在不同的空间,在共同明确学习目标的情况下,更主动、更自主、更明确地展开学习。

　　王老师依托区线上教研活动,结合班级实际学情,利用数字化工具及平台,构建了一套完整的作文教学新模式。该模式包括制作学习单、收集资料并整合资料、明确中心主旨、完善作文提纲、自主创作、互评、教师指导、二次修改。此模式打破了线上作文的教学局限,加强了师生互动,激发了学生的写作热情,并为线下作文教学提供了新思路。

　　俞老师为了提升教学品质,对线上教学的一般实施路径进行了探究。备课时,他会利用好"名师面对面"平台,结合本班学情,适度地、有所取舍地选用教学素材。上课时,他合理地设计教学环节,以"慢节奏""多沟通""抓眼球"为原则,最大程度地提升教学效果。课后,为满足不同层次学生学习的需要,采用分层设计作业布置,并及时批改,给出评价性的语言,让学生及时得到作业反馈。

二、通过实际运用增进教师实践智慧

(一) 基于"云课堂"的公开教学实践展示课

　　学校开展基于"云课堂"技术的公开教学实践展示课,为教师提供了一个互相交流、学习的平台。教师可以结合自己的教学实践,设计和优化教学方案,然后在公开课上进行展示和分享。通过这样的展示平台,教师可以在互相学习和借鉴的过程中相互促进、共同提高,从而形成一个良性的教学互动环境。具体而言,基于"云课堂"技术开展公开教学实践展示课包括以下五个步骤。

(1)确定展示课程:在教师自愿的基础上,选取一些具有代表性的课程进行展示。

(2)制定展示方案:组织教师进行集体备课,设计展示方案,明确展示课程的教学目标、教学内容、教学方法、教学手段等。

(3)进行技术培训:邀请技术专家或相关机构,对参展教师进行"云课堂"技术的培训和指导,确保教师掌握相关技术和操作。

(4)进行展示:在"云课堂"平台上进行直播或录制展示课程,全校教师通过网络观看和学习,同时也可以邀请相关专家进行现场点评和评价。

(5)总结交流:组织教师对展示课程进行总结和交流,分享经验、探讨问题,提高教学水平。

案例4-6 沪黔英语教研组线上教学研讨活动

2020年10月14日,学校与遵义市正安县流渡中学、湄潭县天城中学、道真县桃源乡桃源中学开展了题为"齐聚线上教研,交流分享经验"的沪黔英语教研线上交流活动。

在本次活动中播放的"共享优质课"是俞老师开设的区级公开课"Electricity"。贵州省遵义市三所学校的英语教师,运用腾讯会议平台,同步在线观看教学录像。课后,俞老师做了教学设计说明,并对此课进行深度反思、交流,与会的两地四校教师也进行了气氛热烈的评课。与会教师一致认为,本节课很好地体现了以下四个优点:一是对文本的解读很细致;二是词汇的教学有创新;三是单元衔接的意识很清晰;四是板书的设计有特点。

"共享优质课"架起了沪黔两地教育教学研究的交流之桥,也搭建了沪黔两地互帮互助同进步的友谊之桥。两地教师通过这样务实有效的课堂展示,提升了教育教学水平,也学习了教育新理念、新手段。

(二) 基于学科的青年教师微课设计活动

学校还推出了基于学科的微课设计活动,要求教师自主选择学科内容,设计一份微课程,然后在班级内进行实践和检验。在这一过程中,教师可以在实践中不断调整和改进微课程,达到最优的教学效果,同时能够提升创新意识和增长实践经验,更好地应对教学工作中的各种挑战。具体而言,基于学科的青年教师微课设计活动包含以下四个方面。

(1)提供培训和指导:学校开展相关的培训和指导,帮助青年教师了解微课设计的基本原理和方法,掌握基本技能和工具。

(2)提供资源支持:学校提供丰富的教育资源,如学科知识库、教学案例、多媒体资料等,供青年教师参考和借鉴。同时,学校可以组织教研活动,鼓励青年教师相互交流和分享,促进教学经验的互通。

(3)确定评估标准:学校确定微课设计的评估标准,例如内容的质量、教学效果、创新性等,激发青年教师的创造力和积极性。评估结果可以用于教学质量监控和提升,为学校的教学改革提供有力的支持。

(4)营造良好氛围:学校营造出良好的教学氛围,鼓励青年教师创新实践和实验探索,支持他们在学科教学中运用微课设计,为学生提供更加优质的教育资源。同时,学校可以加强与家长和社会的沟通,让更多的人了解和认可学校的教学成果,促进教育的可持续发展。

案例4-7 微课培训促发展 优教优学促成长

学校定期为青年教师开展微课制作的培训。青年教师跟随学校培训中"选题—导入—讲解—互动(虚拟)—总结"的微课制作流程,学习微课主题的确定、微课制作的多种多媒体技术、微课评价等。通过培训,青年教师深切感受到微课不仅是学生学习的一种新型方式,更是一种促进青年教师自我成长的新模式。一个知识点,通过精要的讲解、多媒体的呈现方式、5分钟的学习过程,可以让更多的学生爱上学习。借助微课程这一工具,还可以将一些重难点、易错易混点以及拓展性知识碎片化、显性化、形象化、传媒化。

学校青年教师还积极报名参加区"闻曦杯"创智云课堂项目试点校微课大赛。青年化学教师运用在校培训过程中的所学,选择"质量守恒定律"作为微课课题。这一课题不仅是初三化学中的重点内容,还具有典型性和实用性,能够充分发挥多媒体技术的应用优势。从微课制作方法上,教师通过PPT自带的录屏功能自行录制,从引入到知识点讲解到最终典型例题的分析,对学生学习中的常见的共性问题及一些难点、盲点进行针对性点拨和指导,在6分钟内尽量浓缩精华。最终教师的这一微课在此次比赛中获得了二等奖。

通过这次参赛实践,教师提升了信息技术应用水平,更获得了专业成长和经验积累。教师所做的微课还可以在集团校教师间相互学习,便于集团校教师分享经验、传播方法,从而实现优势互补,资源共享,共同成长。从学生层面来说,微课以一个个完整而独立的知识点呈现,学生若是有不明白的地方,可以反复播放,有针对性地深入学习,利于重难点知识的落实,一定程度上避免了课堂学习之后部分学生似懂非懂,吃"夹生饭"的问题。

第五章

和而特：专题教育与心灵成长

教师是人类灵魂的工程师。教育不只是传授知识，更重要的是培育心灵。学校教育要为心灵成长提供支持，通过多样的专题教育，携手家长与社会，培养具有远大理想、健全心智、责任担当、热爱劳动的学生。

第一节　培养理想远大的人

　　培养理想远大的人是教育的重要任务之一。具有远大理想的人拥有自己的理想和目标,具备强烈的社会责任感,具有自我激励、自我约束和自我管理的能力,能够坚持不懈地追求自己的目标,为社会进步和发展做出积极的贡献,实现自我价值,获得内心的满足感和成就感。鞍山初级中学的"和美"教育通过社会主义核心价值观教育主题活动,将社会主义核心价值观融入教育教学和学生实践活动,培养学生的规范守纪意识、行为习惯、综合素质、社会责任感和高尚理想信念。

一、开展社会主义核心价值观教育主题活动

　　社会主义核心价值观是中国特色社会主义的精神灵魂,是指引学生前进方向、激励学生奋发向上的重要价值观念。鞍山初级中学通过开展社会主义核心价值观教育主题活动,让学生深刻理解、认识、内化社会主义核心价值观,激发学生的责任感和使命感,形成正确的人生观、世界观和价值观,积极投身社会发展,实现自己的人生价值。主题活动注重实际操作和互动交流,形式多样,设计与实施包含以下五个步骤。

　　(1)明确主题和目标:制定教育主题和活动目标,比如"培养良好的公民道德"

"提高爱国主义精神""增强社会责任意识"等,以此为基础展开教育活动。

(2)设计活动形式:根据主题和目标,设计多样化的活动形式,如演讲比赛、主题班会、社会实践、文艺演出、志愿服务等,以各种形式来引导学生学习和践行社会主义核心价值观。

(3)选择活动内容:选取符合主题的教育内容,包括经典名言、先进事迹、历史事件、文艺作品等,激发学生学习的兴趣和热情。

(4)落实教育措施:落实主题教育措施,包括制定活动计划、组织参与人员、安排活动时间、准备教育材料、进行教育评估等。

(5)强化教育效果:在活动中强化教育效果,例如加强学生思想引导,鼓励学生主动参与活动,及时反馈学生表现,强化学生的思想教育效果。

案例5-1 "庆百年华诞,做薪火传人"主题活动

2021年是中国共产党成立100周年,为回顾百年党史,弘扬红色精神,继承和发扬党的光荣传统和优良作风,学校在传统红色教育主题活动的基础上举办了以"庆百年华诞,做薪火传人"为主题的庆祝建党100周年主题活动。主题活动由四个板块组成,分别是沙画表演专场、书画展示专场、书法体验专场和文艺汇演专场。

在沙画表演专场中,老师带领同学们共同完成作品《冲破黑暗,迎来光明》,描绘党旗飘扬下人民当家做主,热火朝天建设社会主义现代化国家的一幕幕场景,用质朴的沙子这一简洁的"语言",满含深情地展现了中国共产党团结带领中国人民走过的光辉历程。

在书画展示专场中,同学们积极踊跃投稿,大家以纸为媒,以笔代言,用笔墨描绘祖国的大好河山,创作了一幅幅极富感染力的书画作品,讴歌党的丰功伟绩,抒发对党的敬爱之情和对祖国的美好祝愿,营造了浓厚的文化氛围。

在书法体验专场中，在老师的带领下，同学们边学习党史，边用书法这一传统文化的表现形式，展现百年党史的波澜壮阔，同时表达对党的热爱之情。

文艺汇演专场中，在全体人员庄严地唱完国歌后，由学生团员和大队委员们带来开场曲《没有共产党就没有新中国》，慷慨激昂的旋律和歌声使现场气氛一下子便热了起来。合唱《红星闪闪》点燃了学生的赤子之心。朗诵表演《胜利走向未来的辉煌》仿佛引领着学生望见那南湖上的红船从黎明中驶来，迎着五千年第一缕的霞光，开辟了中国历史的崭新航向。合唱《我的祖国》让学生仿佛置身于多民族的广袤大地，伴随着悠扬的旋律，一同领略祖国的雄伟与壮丽。

二、社会主义核心价值观教育融入教育教学

社会主义核心价值观融入教育教学指将社会主义核心价值观贯穿于教育教学的各个环节和方面，以潜移默化的方式，让学生在知识学习的过程中理解和掌握社会主义核心价值观。学校侧重在课堂教学、课外活动、家庭教育三个主要阵地融入社会主义核心价值观，提升学生的社会责任感，使学生形成对国家、对社会、对他人负责任的意识和行动，获得道德、智力、体育、艺术、劳动全方位的发展。

(一) 将社会主义核心价值观贯穿课堂教学

学校将社会主义核心价值观融入课堂教学中，不仅是将其作为一个独立的课程内容，更是将其贯穿到所有学科的教学中。例如，道德与法治课程是为初中生的品德、思想发展设立的课程之一，也是必修的一门课程，从中学生的教学任务出发，其爱国、守法、诚信、友善的价值观鲜明地渗透在了课程内容中，通过课堂教学能够有效帮助初中生激发爱国情感、培养法治观念、增强责任意识。在六年级"少

年有梦"一课教学中,教师引导学生将少年梦和中国梦紧密结合在一起,实现对学生爱国情怀的引导,激励同学们努力学习并将所学知识付诸个人的实际行动,使对社会主义核心价值观的弘扬内化于心、外化于行。

(二) 通过课外活动引导学生树立正确的人生观、价值观

学校注重组织丰富多彩的课外活动,通过社会实践、志愿服务、读书分享等活动,引导学生树立正确的人生观、价值观。学校会定期组织学生到社区、农村、敬老院等地进行社会实践活动,让学生感受社会的多样性和复杂性,从而提高学生的社会责任感。例如,重阳节是中国民间传统节日,有天长地久、生命长久、健康长寿的寓意。因此,重阳节是我们孝敬老人、陪伴长辈并表达自己的尊敬与爱意的时刻。每年,学校都会以共度重阳佳节为契机,围绕"弘扬敬老精神·传承中华美德"为主题开展系列活动,切实增强同学们尊老爱老的意识。学校也会定期组织同学们来到社区敬老院参加慰问老人的活动,为爷爷奶奶们献上歌舞,表达对他们的敬意。

(三) 注重课堂教育与家庭教育的衔接

学校开展家庭教育指导的实施路径是"多元指导"。第一,坚持问题导向。学校从家长需求着手,解决家庭教育中的实际问题。例如,为缓解六年级新生和家长在初小适应期的焦虑情绪,学校进行了"初小衔接家庭教育指导短课程开发与实施"课题研究,编撰并录制了相关数字资源。家长们经学习后,学会了调整情绪的方法,改善了和孩子的沟通方式,增进了亲子关系。第二,推进品牌建设。"家长学堂——让家长安心的讲堂"是学校家庭教育特色品牌。讲师团由学养高、专业强、经验丰的家长志愿者组成,他们不仅有先进的家庭教育理念、方法,而且乐于现身说法、热心指导,让家长们倍感亲切,极大地提高了学校家庭教育指导成

效。第三,丰富指导形式。学校整合经典案例、典型经验,形成家庭教育指导资源库,利用班级微信群、学校公众号等形式推送优秀资源,供家长选择学习;组织家长学校、家校社联席会开展互动交流;通过家长会、校园开放日等活动进行集中培训;对特殊家庭采取释疑解惑、专家支招等方法进行个性化指导。

经过多年实践,学校已经形成完善的家访制度、家委会制度、"家长学堂"制度,多项成果惠及周边兄弟学校,在区域内有一定影响力。例如学校编写的《户外生活(初中篇)》教材,通过亲子共同进行户外生存实践,改变当前独生子女家庭过分宠爱、重分轻能、学生自我防护力偏弱的家庭教育现状;多名教师撰写的家庭教育指导优秀案例被收录于上海市社科院出版的《教师家庭教育指导实务(初中版)》一书中,为广大教师、家长提供了指导和示范;"家长学堂"的品牌建设经验被收录于《家校共育携手前行——上海市家庭教育示范校(杨浦区)品牌建设文集》。

三、社会主义核心价值观教育融入实践活动

社会主义核心价值观强调集体主义精神,重视社会责任感。因此,将社会主义核心价值观教育融入学生实践活动,让学生在实践中进行理解和内化是一种有效的教育方式。在具体的实践活动中,学生通过协作完成任务,既能够提高学生的实践能力,也能够提高学生的团队合作能力,并培养学生的社会责任感,形成以人为本、奉献社会的价值观念。学校从以下三个方面,将社会主义核心价值观教育融入学生实践活动中。

(一) 培养学生社会责任意识

学校组织学生参与社会志愿服务、社区建设和环保等实践活动,让学生亲身

感受社会发展和生态环境的重要性,激发学生对社会、对环境的责任感。

(二) 强化学生团队合作精神

学校组织学生参加社团活动、班级活动、学校活动等集体活动,培养学生的集体意识和团队合作精神,增强学生的集体荣誉感和归属感。

(三) 传承和弘扬中华优秀传统文化

学校组织学生参加文艺活动、文化体验、书法绘画等实践活动,让学生深入了解中华优秀传统文化的内涵,感受中华文化的博大精深,培养学生的民族自豪感和文化自信心。例如,每年的农历正月十五是我国传统的元宵佳节。值此元宵佳节之际,学校组织开展"闹元宵,猜灯谜"元宵节活动。教师们在课堂中将一条条科学而通俗的谜语显示在电脑屏幕上,谜语的内容丰富,有猜日常用品的、成语的、人名的、地名的、动物的,集趣味性、知识性于一体。同学们尽展智慧,有的驻足凝思、有的冥思苦想、有的独自斟酌、有的小声探讨、有的找老师当参谋。猜中谜语的同学,眉开眼笑,领回那展示自己才智的奖品,很有成就感;猜错了的,也不放弃,回头再来,享受解谜过程的同时也增长了智慧。

第二节　培养心智健全的人

对于学生们来说,初中是成长过程中极为关键的时期。升入初中,学生们不仅面临着与日俱增的学业压力,还面临着青春期的困惑迷茫。在种种烦恼的交织下,学生可能陷入困顿,走向迷失。因此,学校需要关注初中生的心理健康和生命安全,培养心智健全的人。

一、心理健康教育

现今社会上学生自杀、自残的现象不在少数,触目惊心的事故数字让我们每一个人都惶恐不安。祖国的花朵不应在原本开放的花季就此凋零,因此学校与教师要关注学生的心理健康。心理教育是什么?该由谁对学生进行心理辅导?该采取怎样的方法去辅导?该选择怎样的途径去辅导?这是一门很大的学问,需要每一所学校在不断的实践探索中摸索前进。

学校领导班子与全体教师极为重视学生的心理健康教育,不断实践、不断探索、不断创新,从初小衔接、三级培育、多样活动三个方面入手,开展学生的心理健康教育与辅导,取得了丰硕的成果。

(一)初小衔接,让学生快速适应初中生活

初中阶段是一个充满矛盾的过渡时期。在这一时期,学生的身心会发生剧烈的变化,因此也被国外心理学家称为"危机期"。这一阶段的教育要关注学生的心理健康,其中初小衔接是重中之重。学校从 2012 年起就参与到杨浦区重点课题"初小教育衔接的行动研究"中,之后又开展了"初小教育衔接可持续发展的实践研究""初小衔接家庭教育指导课程开发与实施"的研究,取得了一定的成效。

1. 调研新生入校后的心理适应情况

学校通过网络问卷,对新入学的六年级学生进行调研,了解学生进入新学段

后在学习和师生相处方面的适应情况,便于学校领导和教师更好地了解和熟知学生的需求。此外,学校根据调研结果对学生进行分类汇总,准确定位到部分学生的独特需求,组织心理教师带领普通任课教师对不同情况的学生分头展开行动。开学后,班主任及时做好对每一位学生的"跟踪调查",全体教师齐心协力,帮助衔接阶段的六年级学生尽快融入鞍山初级中学这个大家庭中。

例如,2014 年 9 月,学校对六年级学生(即初小教育衔接阶段学生)进行了全面调研。调研发现,进入新学段后面对教师的要求和家长的期望时,虽有 35% 的学生感到兴奋,但仍有很多同学感觉焦虑。对于崭新的初中生活,56% 的学生认为不适应主要来自学科的增多和学习难度的增大,41% 的学生认为不适应感主要来自与新老师和同学相处不佳,48% 的学生认为初中老师能够更好地帮助他们适应初中生活。学校基于调研结果,随即开展了一系列的初小衔接工作,帮助学生尽快适应初中生活。

2018 年 9 月,学校再次面向六年级学生开展调研。调研发现,在升入初中后的心理感受方面,59% 的学生的感受是兴奋,相比上一轮有所增多。在对新环境的适应性方面,69% 的学生选择适应,22% 的学生选择一般,只有 2% 的学生选择不适应。34% 的学生认为不适应主要来自学科的增多和学习难度的增大,比上一轮下降 22%。29% 的学生认为不适应感主要来自学习需要更加自觉主动。4% 的学生认为不适应感主要来自与新老师和同学相处不佳,相比上一轮下降了 37%。这些数据都表明,经过几年的探索与实践,学校的初小衔接工作取得了一定的成效。

2. 开设初小心理衔接教育实践课程

基于 2014 年的初小衔接适应情况调研结果,学校以胡庆芳老师的"衔接课程教学设计表"和"要素解析"为基础,结合了心理课程的学科特点,设计完成了初小衔接阶段心理课程的 10 节课的教学设计,认真开展备课磨课,并积极进行了实践。

同时,学校开展相关活动课程,帮助学生初步了解新学校概况,促进学生尽快融入新环境,丰富了课程形式。例如,让学生走访鞍初校园,了解学校状况。安排学生进行"鞍初一日常规"的学习,参加"这些天,我们一起长大"的主题班会和专题讲座等。此外,学校还在 9 月开学初,对六年级学生执行与其他年级学生不同的作息时间,让此阶段学生能有更多的时间进行自我调整,使其尽快适应学段跨度、年龄跨度的过渡期。

各班班主任结合班级情况,在开学第一周内开展家长会活动,基于一周内对学生的观察和了解,主要从培养孩子预习的习惯、鼓励自己的孩子积极举手发言、协助孩子调节好心态三个方面,告知家长究竟应该如何帮助孩子尽快适应初中生活。

3. 编制初小心理衔接教育活动资源

2017 年至 2019 年,学校在原有的实践积累下,以"初小心理衔接教育活动资源包"为切入点,进一步开展初小衔接教育心理方面的研究,开发更为灵活、更便于操作的心理活动资源,对原有初小心理衔接教育实践课程进行补充。这些活动的设计遵循学生身心发展规律,对应学生在衔接期出现的心理不适应点,并采取各种合适的活动方式,帮助六年级新生在衔接期提高心理适应性。

初小心理衔接教育活动资源包的内容主要分为四个方面,分别是"六年级新生适应初中学习生活的心理干预""六年级新生适应初中新环境下交友生活的心理干预""探究学生优良行为习惯的形成途径及强化机制,探索不良行为习惯转化的有效途径"以及"开展学生认知策略指导研究"。

案例 5-2　初小衔接期心理教育活动"拥抱变化"

【活动目标】

一、针对新生入学适应问题,让学生认识到变化无处不在。

二、宣泄压抑情绪,在同伴的分享中找到共鸣,减轻急躁、孤独的情绪。

三、学会时时发现身边的变化,以一种积极探索的态度迎接新的挑战。

【活动内容】

通过童话故事《谁动了我的奶酪》,引导同学们分享在初中的学习生活中遇到的变化,并分析拥抱变化的同学是如何做到的,帮助同学们尽快调整自己的心态。

【活动过程】

一、导入

(一)讲述《谁动了我的奶酪》故事

《谁动了我的奶酪》这本书风靡全球,它借一个童话故事揭示了我们生活中很普遍的一个现象,让很多人受启发。

《谁动了我的奶酪》讲述的是一个发生在迷宫里的故事。这是一个神奇的迷宫,迷宫里藏着一些黄澄澄、香喷喷的奶酪,但更多的地方是曲折的走廊和阴暗的死胡同,进去了就不容易出来。迷宫中生活了四个小家伙:两只小老鼠嗅嗅和匆匆、两个小矮人哼哼和唧唧。这四个小家伙在迷宫中寻找着奶酪。嗅嗅和匆匆依靠动物天然的敏锐直觉寻找奶酪,哼哼和唧唧拥有人类的复杂思维,他们会进行分析和推理,所以他们走的弯路、死胡同比嗅嗅和匆匆少。有一天,他们都找到了一块巨大的奶酪,他们欢欣不已,因为他们觉得从此以后不用再辛苦奔波就能一直享用着奶酪。奶酪给他们带来了幸福和快乐。他们很快就在奶酪附近建立了自己熟悉的生活路线,建立了自己的交际圈等等。一天,奶酪不见了,面对这种突如其来的情况,四个小家伙有什么反应呢?

（二）揭示寓意，引出话题

故事先讲到这里，大家知道作者是想借这个童话揭示一个什么寓意呢？邀请2—3名学生进行分享。

教师：作者文中的"奶酪"其实是对我们生活中所追求的美好目标的比喻。它可以是优异的成绩、获得几个知心朋友等等。我们每个人的内心都有自己想要的"奶酪"，我们追寻它，想要得到它，因为我们相信，它会带给我们幸福和快乐。而一旦我们得到了自己梦寐以求的奶酪，又常常会对它产生依赖心理，甚至成为它的附庸；这时如果我们忽然失去了它，或者它被人拿走了，我们将会因此而受到极大的伤害。

二、宣泄情绪，找到共鸣——学生彼此分享共同感受到的变化

引导：从小学升入初中，有哪些东西发生了很大改变？请尽量多的学生进行分享。教师引导学生一起归纳小学到初中的变化。

小结：小学升入初中，每个人都体验到了一些改变，这是一种普遍的现象。从大家的发言中我感受到大家都很有上进心，都有一颗希望尽快适应初中生活的热切的心。我们发现身边有的同学好像很快就适应了，但是更多的同学可能至今还没有"上道"，甚至还是很怀念小学的美好时光。为什么会这样呢？

三、审视自己对"变化"的反应

（一）展示四个小家伙面对"奶酪"消失的不同反应

小老鼠：提前已觉察到变化，立刻决定去寻找下一座奶酪山。（教师解释：两只小老鼠依靠自己敏锐的直觉，在奶酪消失之前，已觉察到奶酪在一天天减少，所以当奶酪完全消失的时候，他们已有心理准备，迅速行动起来，投入到寻找新奶酪的挑战中。）

小矮人：不相信、抱怨、怀念曾经时光。（教师解释：小矮人在拥有奶酪的时候，每天沉浸在享受香甜可口的奶酪和朋友的赞叹声中，他们完全没觉察到身边

事物的变化。他们觉得自己无论在哪里都会一直拥有奶酪。）

（二）引导

同学们有没有从四个小家伙的反应中找到自己的身影，觉得自己更像小老鼠还是小矮人。（可以邀请"小老鼠"们分享他们是如何"嗅到"小学到初中的变化，如何尽快去适应。）

四、反思如何应对变化

案例分析：小学的时候，我（小伊）的成绩总是优良，作业也错得不多。可是上了初中以后，我觉得自己做作业的时间长了，错的题目还比小学多了。我每天很努力地学习，可是我的成绩好像和我的努力不成正比。是我变笨了吗？同学们会觉得我笨吗？谁动了我的优异成绩？

前后桌四名同学为一组，帮助小伊解决他的困惑。5分钟之后我们来看看哪一组给出的方案最为完善、实用、有效。

总结学生的方案。

【活动建议】

教师在讨论和分享过程中，对于学生发言持鼓励、包容、不批评的原则。

（撰写：顾芸）

4. 开设初小衔接家庭教育短课程

在2018年的调研中，学校通过对六年级学生的访谈了解到，六年级新生进入初中不适应的原因有很多，其中包括学习环境的变化、上课时间的变化、学习科目增多、教师风格的变化、校服规则的变化、可自由支配时间的变化，以及家长的变化。其中，学生提及最多、反映最强烈的是家长的变化，主要表现在三个方面。首先是家长对孩子分数的期望。大部分学生提到他们的父母希望自己的语数英成绩在小学的基础上有所提升，或者至少在小学薄弱的方面有所提升。只有个别同学表示家长对自己的分数没有要求,只要养成良好的习惯慢慢来就可以。虽然学生普遍认可家长对自己提出的要求,但初中的分数不可能像小学那么高,因此有可能会导致亲子之间的冲突。其次是家长对学生的生涯规划。有的家长从没要求,变成要求孩子考上高中,因此让学生产生不适应。第三是家长对学生暑期的安排,从出去旅游变成参加补课,也会引起学生的不适应。

因此,学校在 2020 年至 2021 年着力于初小衔接家庭教育短课程的开发与实施,以此促进家校协作,与家长形成合力,共同帮助六年级新生度过衔接期。在前期的调研中学校发现,学生认为家长的态度对自己是否能顺利渡过六年级第一学期很重要。从对学生回答的词频分析得出,"学习""老师""态度""同学""朋友"分别出现了 23、22、20、15、9 次,"父母/家长"出现 26 次。145 名学生中有 33 名学生的回答中提到了父母和家庭,占总人数的 22.76%。同时,调研发现家长也希望学校提供相关内容的指导。

在不断研究—实践—再研究—再实践的过程中,鞍山初级中学在调研的基础上,开发了课程及活动资源包。

案例 5-3 家庭教育短课程案例:说教时更需要智慧的魔法棒

【案例分享】

小丽进入青春期后,因为"爱美",一日三餐吃得比较少,有时还会不吃早餐。不但如此,小丽的穿着审美也发生了一些改变。在妈妈的眼里,曾经她是那么的乖巧懂事,现在却变得有些乖张。

一天晚上,妈妈辛苦做了一大桌子菜,而小丽却"挑三拣四",一副不想吃的样子。这下可把妈妈点炸了。妈妈拉扯起嗓子,说教道:"我白天忙工作,晚上还要伺候你,你怎么一点都不体谅我的辛苦?养那么大,良心被狗吃了吗?还一副大小姐的样子,不想吃就回房间里待着去。再看看现在你买的那些衣服,贵不说,哪里像一个学生穿的。简直是浪费钱,你以后也不要想从我这里拿到一分零花钱。"

面对妈妈一股脑"不满"式的说教,小丽甩下筷子,径直回到房间。原本其乐融融的晚餐时光,就这样搞砸了。

【问题诊断】

不少家长抱怨孩子进入青春期不爱和父母说话,问啥都是"嗯""还行""随便",甚至发起火来摔门而去,一句解释都没有。

解困之道在于,当家长想要和正处于青春期的孩子进行说教时,不要没等孩子说完就做出导火索反应,例如批评、指责、评价、建议,这些都会让孩子越来越不愿意对家长说话。一定要学会聆听孩子语言之中的态度、情绪、期待、愿望、资源,这样才能让聆听更有意义,才能让孩子愿意对家长诉说。在聆听的同时,要经常复述求证,因为你复述的语言不仅在核对孩子表达的内容,也在共鸣他的情感。

本案例中,妈妈的做法存在着以下问题:第一,妈妈在进行说教时,像大水倾泻似的发泄着自己的不满,丝毫不给孩子辩解的余地。第二,妈妈说教时的音调高昂、语气生硬,这会引起孩子的反感。第三,面对孩子身上的问题,妈妈采用的是妄下结论和采取激烈手段的对策,这样只会激化矛盾。

【应对建议】

家长与孩子进行说教时,既要尊重孩子的自我意识和独立性,又要随时注意"情"投"意"合。只有这样,孩子才会乐于听取家长的建议,说教才会有效。

第一步:先解决情绪,再解决问题。

只有重新确立情绪的王者之位,并认真"聆听"它的意见(注意,并不是遵从它的旨意),理智才能找回主权。当孩子在情绪中,很多对客观事物的认知信息会被屏蔽掉,特别是当孩子有很多防御和抵触情绪的时候,理性劝导是无效的。

情境示例 1：有的家长在指出孩子身上的不足时，往往会采取"大吼大叫"的方式，搞得邻里皆知。

原因分析：其实，存在于孩子身上的一些"不足"，可能并不是"缺点"和"毛病"。有可能只是父母和孩子之间的思想代沟造成的。所以，父母在遇到这样的问题时，可以采用征询式的语气，和孩子进行交流。

正确回应如下。

妈妈："孩子，刚才妈妈看到你这样，有些不太懂，你能和我说说你这样做的想法吗？"

第二步：先沟通态度，再沟通内容。

决定人与人沟通成败的几个因素中，沟通的内容只占 7％，沟通的态度占 38％，与沟通者的关系占 55％。与青春期孩子说教，态度远比内容重要，关系远比态度更重要。当你对孩子指责、讨好或打岔的时候，都把自己与孩子的关系推远了，还没开口就把自己和孩子对立起来了，那么沟通的效果一定不好。你一皱眉，一斜眼，一抱起双臂，孩子就感觉到了你的挑剔，知道你的大道理就要来了，他一定会对抗或逃跑。

情境示例 2：我们一起来看下面这段对话。

妈妈："你作业做得那么慢，肯定上课没有认真听。"

儿子："不是的，我刚遇到一个难题，一直在思考……"

妈妈："你别总是找理由，我和你说过，上课 40 分钟是最关键的，一定要……"

原因分析：遇到孩子解释时，无论对错，作为家长都应该耐心倾听，把沟通态度放在平等的位置上。然后和孩子一起分析对错和解决问题的方式。

正确回应如下。

妈妈："你作业做得那么慢，肯定上课没有认真听。"

儿子:"不是的,我刚遇到一个难题,一直在思考……"

妈妈:"嗯,我想你的确是遇到了难题。如果真的想不出,你可以明天去学校问一下老师和同学,或者……"

第三步:先征得允许,再给予指导。

有时,我们不想让孩子走弯路,在说教时就急于帮他们出主意做决定,孩子不但不领情,还会厌烦。家长应该想到,帮孩子解决当下的一个问题只是生存式教育,在每一个危急时刻,调动孩子思考应对,化危机为开展发展式教育的契机,这不正是锻炼孩子大脑的好机会吗?

情境示例3:小丁同学最近每天放学都和几个同学在外面踢球,爸爸认为他放学就应该尽早回家完成作业,踢球会影响他的学习成绩。

错误回应如下。

爸爸:"你这几天每天放学都在干什么?球有什么好踢的?明天开始一放学就回家,不允许再和那几个同学玩了。"

正确回应如下。

爸爸:"和同学一起踢球,也是个很好的体育运动,还能增进同学之间的感情,很不错哦。不过爸爸觉得你每天都这么晚回来,有些影响你吃饭和学习。我想给你一些建议,怎么样?"

第四步:先关注过程,再评价结果。

有的家长抱怨孩子玻璃心经受不起挫折,这其实和我们太看重结果有很大关系,因为我们关注的就是孩子重视的,这会导致孩子不堪重负。

情境示例4:欣怡的学习成绩不好,妈妈帮她报了很多辅导班,但成绩仍不见起色。

妈妈:"你是不是放弃学习了?我花了那么多钱,全部扔水里了。"欣怡默不作声。

原因分析:孩子看上去已经放弃了学习,那是因为她知道自己努力也达不到家长期望的成绩,而家长对她一点一滴的努力根本看不到眼里。这两种太过关注结果的表达都会带给孩子不好的影响。

正确回应:

妈妈:"最近我看到你很努力地学习,老师也和我说你有进步。妈妈希望你能继续保持下去。如果遇到困难,你可以和我说,我会想办法给你提供帮助。相信你的学习一定会有起色的。"

【沟通小贴士】

说教时,要尊重孩子的自我意识和独立性,要随时注意"情"投"意"合。

说教时,要注意情绪和态度,可从体态语言、眼神交流上进行改变。

说教时,不要妄下结论,注意从过程上引导孩子,帮助孩子解决问题。

(撰写:王盛强)

(二) 三级培育,保障学生的心理健康发展

为了保障学生的心理健康,需要从发展、预防、干预三个层面开展心理健康培育,学校在此基础上,制定了开设心理健康课程、开设心理咨询室、建立班级心理辅导员制度、组织各类心理活动等一系列具体的措施来保障学生的心理健康。

1. 面向所有学生广泛开展心理健康教育

发展是指在学生健康的心理状态下,通过开展心理素质教育,培养学生的自我认知,拓展他们的社会经验,不断发展和完善学生的心理素质和健康状态。学校将每年的五月份设定为心理健康教育活动月,根据不同学段学生的心理发展特点和需求,策划并开展了不同主题的心理健康辅导专题,如"新时代,心成长""润心慧心,健康成长"等。同时,学校还开展了许多具有针对性和趣味性的活动,如海报宣传、广播宣传、心理校园情景剧表演、舞动治疗团体辅导、小故事征集、心晴

摄影展以及团体心理辅导等,全方位提高学生的心理健康水平,促进学生挖掘自身潜力,消除消极情绪,健康阳光成长。

这些定期开展的心理活动给学生的情绪表达提供了良好的途径。通过参加这些活动,学生可以释放感情、缓解压力、敞开心扉、激活心能,从而产生美好、积极、有生命力的情感,预防抑郁症的发生。特别是在青春期开展心理健康教育,不仅拓宽了学生的视野,也加强了学生对青春期生理知识的认识,为学生正视青春期身心变化起到了良好的引导作用,有效促进了学生健康成长、快乐学习,对学生以后的学习生活乃至今后的人生发展都具有积极的指导性作用。

2. 对全体学生进行大范围心理问题预防

预防是在学生尚未出现心理问题时,通过开展心理健康教育、加强师生交流、建立关爱机制等手段,预防心理问题的发生。现代社会的学生面临着诸多心理压力和挑战,如学业压力、家庭问题、社交困难等,这些问题如果不及时预防和处理,会对学生的身心健康和成长造成严重影响。因此,面向全体学生进行大范围的心理问题预防是非常重要的。为此,学校对心理辅导教师提出了严格要求,实行专人专项、专事专干的原则。首先,学校聘请了国家二级心理咨询师顾老师担任学校专业心理教师,总体负责各个阶段学生的心理健康辅导工作。此外,学校还定期举办阶段性心理活动,邀请校外心理辅导专家为学生答疑解惑、指点迷津。案例5-4介绍了一名预备班的班主任及时发现班上小王同学的问题,并通过与心理辅导教师、家长的共同配合,帮助小王同学适应新的环境的过程。

案例 5-4　心理预防案例:小王同学

小王是预备班的一名学生,学习认真踏实,成绩优异,但平日沉默寡言,很少与同学交往,内心较为敏感,常常独来独往,我行我素。一次偶然的机会,班主任得知小王同学在小学阶段并非如此，而是活泼开朗，很喜欢与大家交朋友，还经常当众表演节目。一天，小王的同班同学发现了小王在教室的角落里默默哭泣，他连忙把这个情况告诉了班主任。班主任极为重视小王同学的情况，赶忙联系小王同学的家长来了解孩子情况。

通过与家长的沟通，班主任得知，小王同学自升入初中以来和父母的关系有所恶化。父母也正因此而苦恼，他们非常困惑一向乖巧听话的孩子怎么在升入初中之后就变了一个模样，小学时教育孩子的方式现在也行不通了。此外，小王同学的父母告诉班主任，小王同学现在所处的班级中小学同学较少，原来的好朋友都分在了别的班级，交往也减少了。

班主任在父母这里了解情况后，把更多的目光投注到了小王同学的身上，有意无意地和他说话谈心。在与小王同学的交谈中，班主任得知，他不太适应现在的初中生活，不论是学习压力还是人际交往，他都不知道该如何去应对。进入初中，他的身体也发生了一定的改变，声音好像变难听了，脸上也时不时地冒出两颗痘痘，这使得他非常没有自信，害怕其他同学嘲笑自己。他也曾经试图去融入班级，想要和同学们谈笑风生，但是试了几次之后，无力感反而更强了，情绪也会莫名其妙地低落，在学校会默默流泪，在家里则把情绪都发泄到父母的身上。

班主任在与父母与孩子进行沟通后，基本上掌握了他的情况，并与心理教师以及其他经验老到的教师进行了交流。老师们认为小王同学的心理健康需要多重助力，一方面需要在校教师与同学们的关心，另一方面也需要家长的呵护。为此，在班主任的推荐下，小王同学成为了班级里的小干部，负责班级卫生以及安全事项，帮助他积极融入班级，与同学交往。恰逢此时，学校邀请专家在学校开展青春期健康教育的讲座，小王同学积极参加，把自己的所思所想写在纸上交给了班主任，并与全班同学分享。此外，班主任也与小王同学的父母保持沟通，及时掌握孩子的情绪状态。渐渐地,小王同学在班级里找准了自己的位置,与同学们的关系也越来越好,脸上的笑容越来越多,还代表班级参加了校演讲比赛。他也学会了与父母相处,合理控制情绪,又变回了积极阳光、乖巧懂事的孩子了。

(撰写:杨梦)

3. 对少数学生的心理问题进行科学干预

干预是解决已经出现心理问题的学生所必须进行的工作,包括心理疏导、心理咨询、心理治疗等方面的支持。初中生经常会因学习压力大、人际交往不顺利等问题而引发焦虑、紧张、失眠、头晕、空虚感、不能专心学习等一系列心理问题,或是因受到刺激或打击形成心理危机状态,产生人际困扰、学业不良、退学乃至轻生等严重情况。为此,学校建立了心理危机干预机制,通过设立危机干预小组、打造一系列心理辅导室,实施三级危机干预制度。

心理危机干预小组主要负责做好心理危机宣传、教育和干预工作,建立心理危机预警、防范、处置、干预、转介等相关制度,并与校医务室、学校所属街道、上海市杨浦区未成年人心理辅导中心建立紧密联系。干预小组以多监督、多沟通、多联系为原则,及时做好心理危机预防、辅导转化以及转接等系统工作。

学校专门打造了一系列设备齐全的心理辅导实验室,其中包括心理宣泄室、心灵驿站、音乐放松室、沙盘游戏室、心理阅览室等。为了尊重未成年人人格,保护未成年人隐私,切实履行保密原则,学校还专门打造了个别心理辅导室。

学校实施的心理危机干预制度分为以三个等级。

第一等级以班级、家庭为核心。班主任注意观察、收集班级学生的异常表现,与学校心理辅导教师及时沟通。每个班级设有心理联络员,接受定期培训,对情绪行为异常的同学的相关事件及时上报。班主任与学生家长保持定期沟通,对心理素质不佳的学生定期家访,出现问题及时关注和处理。

第二等级以学校心理辅导为核心。专职心理健康教育教师开设心理课程,帮助学生完善自我心理调节机能。学校心理咨询室、宣泄室、沙盘室、放松室每天定时向学生开放。学校心理辅导以面谈咨询为主,辅以热线咨询。如遇自杀倾向等危急情况,及时采取合理有效措施,同时与父母、班主任等相关人员联系,密切关注。

第三等级以社会心理咨询治疗机构为核心,如发现有心理障碍、危机情况的学生,立即向学校领导汇报具体情况,予以密切关注,同时转介到社会心理卫生中心进行进一步咨询与治疗。

(三) 多样活动,让学生释放自我拥抱青春

在广泛开展所有学生的心理健康教育的基础上,多样的心理健康活动可以让学生释放自我,拥抱青春。例如,学校策划并开展了许多具有较强针对性和趣味性的心理健康教育活动,包括海报与全校广播宣传、心理校园情景剧表演、舞动治疗团体辅导、"我的心灵"小故事征集、"身边的一处美景"心晴摄影展、"风雨同行"团体心理辅导活动等。学生在参与活动的过程中,可以有机会展示自己,发现自己的兴趣和特长,增强自信心,增进交流,促进情感发展,从而排遣消极情绪,健康阳光成长。

为了普及心理健康知识并营造良好的校园心理氛围,学校每年定期开展各种主题的心理健康教育活动,包括小升初心理适应辅导、初三考前心理辅导、暑期心理调整指导、心理调适指南、青春期心理健康辅导等。这些多样化的活动,让学生能够释放自我,拥抱青春。

此外,学校还注重家校合作,在上海市教育委员会德育处、上海市妇女联合会、上海市学生德育发展中心的指导下,多次承办了"青春期家庭教育指导进学校"专场活动,以促进学校教育、家庭教育、社会教育有效衔接,形成"三位一体"合力育人机制。

二、生命安全教育

安全作为校园稳定工作的重要组成部分,是打造和谐校园的关键。引发初中校园安全问题的原因有很多,包括社会、学校、家庭对各自所承担的责任划分不够明确、学生自我保护意识和能力不强等。因此,鞍山初级中学结合学校品德教育等工作,制定切实可行的安全教育对策,在确保学生健康成长与和谐发展的同时,守护住校园安全的生命线。

(一) 开设生命教育课程

随着科学技术的发展和社会文化的进步,人们对生命的理解和认识越来越深入,也越来越珍视和尊重生命,生命教育逐渐被重视。初中学生正处于人生的重要阶段,身体、心理和认知能力都在不断发展,面临的风险和挑战也越来越多。因此,学校开设生命教育课程,帮助学生树立正确的人生观、世界观和价值观,增强学生的自我保护能力,促进学生的身心健康发展,使学生增强社会责任感和爱心。

生命教育是一门关于生命的综合性学科,包括生物学、心理学、伦理学等多个学科的内容。学校开设的生命教育课程的内涵主要包括生命观和价值观的培养、健康生活方式的养成、安全意识的培养以及情感和社会能力的培养。

案例 5 - 5 户外生活——攀越障碍

一、教学目标

知识与技能:知晓攀爬毕业墙的协作方法并进行尝试;懂得并掌握编织神风结的方法。

过程与方法：经过团队协作与探究，学会攀爬毕业墙；通过实践活动，启发创造性思维，提高解决问题的能力。

情感态度价值观：培养学生互相理解、互相协作的意识，增强团队协作精神；在实践活动过程中，树立自信心以及对他人的信任，建立互信；砥砺意志，拓展心胸，关爱他人，强健体魄。

重点：知晓攀爬毕业墙的要领及禁忌，编织神风结。

难点：团队协调合作完成毕业墙的攀爬。

二、学生情况分析

初一学生的心理特点可以概括为：产生明显成人感；独立意识增强；产生一定闭锁心理倾向；有了比较明显的批判思维。行为特点可以概括为：体力充沛，精力旺盛，好奇好动，耳聪目明；追求尊重、平等的权利；力图表现行为上的独立自主；爱美；主动探寻性的奥秘。

所以课程在活动设计上充分考虑学生的心理和行为特点，采用合作和竞赛的方式，使学生们增强合作意识。

三、课前准备

毕业墙×1面、登山绳×100米

四、教学流程

教学内容	教师活动	学生活动	设计意图
整理队形，每队学生8—9名，排成4列，站在教师前方。通过红军长征过雪山爬草地的故事，以及贝尔野外探险故事，引入本课	整队，开始上课同学们读完这些故事有什么感受？	聆听故事，积极思考问题，表达自己的观点	富有趣味和知识性的课前引入，激发学生的兴趣，引起学生的思考

教学内容	教师活动	学生活动	设计意图
攀爬毕业墙 概述:引导学生自发形成团队,推举出领导人,进行分工安排,达成攀爬毕业墙的任务道具:移动电子屏幕,毕业墙	将学生分为15人一组,并要求学生选出队长	选出队长	团队活动中有人领导更利于团队活动的顺利进行
观看攀爬毕业墙的视频记录	让学生对于攀爬毕业墙的过程、分工,有一个直观的了解	通过视频初步了解如何攀爬毕业墙	学生能从视频中看到同龄人攀爬毕业墙,既是直观的初步了解,也是鼓舞信心
重点知识要领的讲授:在毕业墙的攀爬训练前,所有人都要摘去身上的一切硬物,如手表、眼镜、钥匙、发卡等等,穿硬底鞋、胶钉底鞋的同学必须脱掉鞋子。攀爬时通常采用搭人梯的方法,必须采用马步站桩式,不要将身体靠在墙上,注意腰部用力挺直,用手臂弯曲推墙保持人梯牢固。要有人专门扶住人梯队员的腰,可以屈膝用腿支撑人梯队员的臀部,队员攀爬时不可踩人梯队员的头、颈椎、脊椎,只可以踩肩和大腿。让队员将衣服扎进腰带,拉人时不可以拉衣服,拉手时要手腕相扣成老虎扣,不可直接拉手或者手指,不可将被拉队员的胳膊搭在墙沿上,只能垂直上提,当肩部以上超过墙沿时可以靠在墙沿上,从侧面将腿上提以帮助上去	对学生进行理论知识的讲解,对活动过程中的关键注意事项进行申明	认真听讲,了解知识,掌握要领	实际操作离不开理论的支撑,帮助学生更好地对攀爬毕业墙有所了解

教学内容	教师活动	学生活动	设计意图
队长进行任务分配， 哪些人为底部支撑？ 哪些人为中部支撑？ 哪些人先上，作为主力？ 哪些人后上作为替补？	帮助各任务组的队长进行任务分配，给出合理的分配意见	队长发挥领导才能进行任务分配，队员评估自身与队长进行交流调剂	为攀爬毕业墙做好任务分配
攀爬毕业墙	给各个任务组计时，适当时给予指点，保证学生安全	各司其职，团队协作完成任务	团队活动，促进凝聚力和对他人的信任，砥砺意志
编织神风结 概述：神风结是在紧急情况下，需要回收资源时，所使用的一种绳结，在使用后可以回收。 道具：移动黑板、登山绳	教学生打神风结	了解神风结的编织手法，并进行尝试	掌握编织神风结的技能

五、课后反思

在户外生活时，攀越障碍是不可避免的，同学们通过本节课所学的知识，在户外活动时能灵活应对行进时的障碍。本节课中，同学们在团队中为了更好地完成任务，组员之间互相理解、互相合作，培养了团结协作的精神。

六、课程评价量表

序号	评价项目	评分
1	我细心听讲了本节课，并进行了思考	☆☆☆☆☆
2	在毕业墙的攀爬中，我做好了组员（组长）的工作，团结协作	☆☆☆☆☆

序号	评价项目	评分
3	我所在的小组完成了毕业墙的攀爬	☆☆☆☆☆
4	我能独立编织神风结	☆☆☆☆☆

（撰写：俞泳哲）

（二）生命教育融入学校生活

学校将学生安全教育作为在校生活的一部分，采取切实有效的措施减少学生安全问题发生的可能性。具体措施包括以下四个方面。

（1）每年开展法治安全宣传月活动。本学年（2021 学年）的主题为"'少年的你'，让民法典来保护你"法治讲座，得到了江浦街道妇联的大力支持。在"聚力依法治教，匠心健康成长"的主题下，后续学校各班还以出一期法治宣传黑板报、上一节"学宪法，讲宪法"主题班会、听一次防范校园欺凌广播等多种形式为学生普法，让学生懂法，弘扬法治精神，提升广大师生的法律素养。

（2）每学期进行防震逃生演练暨未成年人法治宣传周活动。这个活动是学校安全法治教育月的重要内容，同时也是"中考改革背景下"综合素质评价安全实训板块的课程实践活动。为了将演练活动做实做细，学校每次都会制定详细的方案。当天演习前也会通过班主任对学生进行宣传教育活动，向学生详细地介绍演练的目的以及演练中需要注意的事项，让孩子们熟悉、学习并练习应急避震和安全疏散的方法。

（3）每年开展"关注消防，生命至上"消防教育活动。学校通过黑板报、电子屏等形式，加强宣传，营造消防安全教育氛围，并安排消防疏散演习。随着疏散电铃响起，各班级学生在班主任和各疏散点位老师的指引下穿过烟雾，有序快速地从教学楼疏散至操场。随后大连路消防救援站王队长对全校师生进行了冬季消防知识培训，包括如何拨打火警电话、家庭防火注意事项、火灾时如何逃生等知识，提升学生的安全自救技能和安全防范常识。

（4）学校心理老师为学生准备寒暑假期间的心理小贴士，告诉孩子假期期间如何娱乐、如何锻炼、如何饮食、如何调整情绪、如何记录美好生活，通过适时的心理安全提示，避免学生假期在家期间发生一些心理安全问题。

（三）家校携手进行安全教育

1. 专题讲座提升教师安全意识

学生安全问题是关系家庭幸福、社会和谐的大事，也是学校应当高度重视的教育问题。作为教师，也应当从尊重生命、关爱学生的高度出发看待学生安全教育问题，将学生安全教育作为教育教学的头等大事。因此，学校通过邀请专家进行专题讲座，提升教师的安全意识和法律意识。例如，学校邀请法治副校长和法律顾问，围绕《宪法》《教育法》《义务教育法》《教师法》《未成年人保护法》《预防未成年人犯罪法》《上海市学生伤害事故处理条例》等法律法规，开设法治安全教育讲座，较好地促进了全体教师的法治意识和安全能力的提高。

2. 家校合作共筑安全防线

学生安全教育并不只是学校的责任，也是社会、家庭和政府的共同责任。如果仅仅依靠初中学校"单兵作战"，很难有效解决学校所面临的安全问题，也无法很好地提高学生安全教育效果。所以鞍山初级中学实施了两项举措，充分引导家庭发挥在学生安全教育中的重要作用。

（1）每年开学伊始及寒暑假之前，学校都会向家长推送《致学生家长的一封信》，涉及遵守交通规则、寒暑假期间注意食品卫生及安全户外玩水安全等方面。

（2）学校鼓励家长及时与班主任进行沟通，把握学生的思想动态、学校表现等等，并对可能存在的学生安全问题进行处理，降低学生安全问题的发生可能性。

第三节　培养负责任有担当的人

一、行为规范教育

（一）完善行规教育制度和机制

完善的制度与机制是保证行规教育的长效性和有效性的前提。行规教育制度和机制应包括制定规章制度、设立责任制、加强监督检查等方面，以确保行规教育工作有条不紊地进行。学校在完善行为规范教育制度和机制时，采取了以下四条具体措施。

（1）建立行规教育的长效机制。制定行规教育计划，明确责任分工，建立监督反馈机制，确保行规教育的长效性。

（2）加强行规教育的宣传力度。通过校报、宣传栏、宣传画等形式，宣传学校的行为规范和管理制度，提高学生自觉遵守规定的意识。

（3）建立学生行为管理委员会。由教职工、家长和学生代表担任委员会成员，定期组织讨论，制定和完善学生行为管理制度。

（4）建立行为规范教育档案。对每个学生的行为规范教育过程进行记录，确保行为规范教育的连续性和有效性。

(二) 制定行规培养目标和内容

学生的行为规范培养要有明确的目标和具体的内容,因此制定学生行为培养目标和内容是行为规范教育工作中不可或缺的重要环节。为了让学生了解和遵守行为规范,培养良好的品德和行为习惯,提高道德素养和综合素质,鞍山初级中学采取了以下三项具体措施。

(1) 制定学生行为培养目标,包括:尊重师长,团结友爱,自我约束,勤奋学习,积极参加校园活动。

(2) 制定学生行为培养内容,包括:守时守规,礼仪修养,勤奋学习,团结合作,公共秩序。

(3) 制定不良行为警示教育,如有违反学校行为规范、携带违禁品、校园欺凌等行为,将会受到一定的惩戒和警示,同时进行相应的教育和引导。

(三) 优化行规教育的具体举措

通过制定科学合理的教育方案和实施措施,优化行规教育举措可以提高行为规范教育的效果和质量。为了让行规教育更加生动、形象、有趣、有效,提高学生的学习兴趣和参与度,增强师生互动,鞍山初级中学采取了以下四条具体措施。

(1) 开展形式多样的行规教育活动,如班会、主题教育课、学校公告、道德讲堂等,以生动有趣的形式,让学生了解和遵守行为规范。

(2) 制作行规教育宣传材料,如海报、标语、微信公众号等,让学生在生活和学习中,随时了解行为规范和管理制度。

(3) 设置行为规范奖惩机制,对遵守行为规范的学生给予表扬和奖励,对违反行为规范的学生进行批评和警示,并进行相应的惩戒和教育。

(4) 加强家校合作,邀请家长参与学生行为规范教育,共同关注学生的行为规范问题,共同培养学生的正确价值观和行为准则。

二、法治教育

(一) 营造氛围,开展依法治校治教

依法治校、依法治教是学校开展法治教育的基础和前提。学校应该制定合理的管理制度和规章制度,确保管理和教学活动都符合法律法规和教育部门的规定,建立健全的管理体系和教育教学体系。为了形成法治氛围,上海市鞍山初级中学主要采取五项措施,以营造浓厚的法治氛围,让师生在法制意识、法律素养和法治观念方面得到提高。

第一,制定校规校纪,明确规定学生、教师、管理人员的权利和义务,以及对违规行为的惩罚措施。

第二,建立校内法律咨询服务中心,为学生提供法律咨询和帮助,解决学生在生活和学习中遇到的法律问题。

第三,定期开展法治教育和宣传活动,如组织法律知识讲座、法律文化节等,让学生了解国家法律法规和基本法律知识,提高法律素养。

第四,在学校内张贴法律法规的宣传标语、展板,宣传国家法律法规,让学生了解法律的权威性和约束力。

第五,加强教师的法律知识培训,提高教师依法办事的意识和能力,增强师生共同维护法治的责任感和使命感。

案例 5-6 《未成年人保护法》专题讲座

2021 年 5 月,学校邀请了杨浦区人民检察院第四检察部检察官,为学校教职

工开展《未成年人保护法》专题讲座。

检察官从检察院的职责、与未成年人的关系,《未成年人保护法(2020修订)》的修订情况、《未成年人保护法》中"学校保护"的亮点等几个重点方面给老师们详细解读了《未成年人保护法》有关条文。检察官特别指出《未成年人保护法(2020修订》中对未成年人的保护在原先的家庭保护、学校保护、社会保护和司法保护的基础上,增加了网络保护和政府保护,进一步细化了家庭、学校、国家和社会对未成年的教育、监督职责。

检察官还结合学校在防范学生欺凌、防性侵工作中的具体职责,对使用《中小学生欺凌防控指导手册》、开展相关工作进行了指导,并就教育部《中小学教师实施教育惩戒规则》和《未成年人保护法(2020修订》中学校保护涉及体罚的行为进行了界定。

检察官的讲座结合实际案例对法律知识进行了深入剖析,通过经典案例及宣传视频,以案释法、以事论法,让老师们进一步加强对未成年人安全的关注和保护。通过此次讲座,学校进一步提高了教职员工有关于未成年人安全保护相关的法律素养,有效强化了法治安全意识,为未成年人健康成长营造了良好的法律环境。

(二) 丰富活动,增强学生法律意识

丰富多样的法治教育活动可以有效地增强学生的法律意识,让他们在生活和学习中更好地遵守法律法规,自觉地维护自己的合法权益。鞍山初级中学通过以下七条途径开展法治教育活动。

(1) 开展法治宣传。根据未成年人的思想特点,从学生的应急教育、自救互救教育、自我防范及安全知识的教育、安全技能的演练等方面,组织和开展一系列的

法治宣传活动。通过升旗仪式、法治讲座、校园广播、电子屏幕、黑板报、主题班会等方式向学生宣传相关法律法规、安全知识。各班也利用午会时间组织收看"宪法在我心中"的演讲比赛并进行相关的教育活动,从而进一步增强学生宪法意识,强化法治观念。

（2）组织参观法庭。组织学生参观当地的法院,观看庭审过程,了解司法机关的工作流程和法律程序,增强学生的法律意识和法律素养。

（3）开设法治教育课程。邀请法律专家、律师等人员,开设法律课程,让学生学习相关法律知识,了解社会和法律的关系。

（4）组织模拟法庭活动。通过模拟法庭活动,让学生扮演法官、律师等角色,了解法律程序和司法流程,锻炼学生的思维和表达能力。

（5）开展法律知识竞赛。组织法律知识竞赛,激发学生的学习兴趣,让学生在比赛中学习法律知识,提高法律素养。例如,组织学生积极参加"网上法律知识竞赛""公共安全知识竞赛""禁毒知识竞赛"等活动,增强校园法治氛围,提高学生的法治安全意识。

（6）组织社会实践活动。组织学生参与社会公益活动、法律援助等,让学生亲身感受法律的力量和价值,增强学生的法律意识和法治观念。

（7）举办法治文化节。组织法治文化节,展示法治教育成果,让学生了解法律的普及和法治文化的传承,增强法律意识和法律素养。

（三）融入学科,拓展学生法律知识

除了丰富多彩的法治教育活动外,学校还将法治教育融入学科教育中,让学生在提高学科素养和综合素质的同时,拓展法律知识,以下是五门学科的具体措施。

（1）融入语文课程：在语文课程中，引入相关的法律文本和案例，让学生了解法律文书的写作规范和语言特点，提高法律文书的阅读理解能力。

（2）融入政治课程：在政治课程中，引导学生关注国家法律法规和宪法，了解法律的基本原理和权威性。

（3）融入历史课程：在历史课程中，通过历史事件和人物的案例，让学生了解法律在历史中的作用和演变。

（4）融入数学课程：在数学课程中，引入涉及法律的统计数据和案例，让学生了解数学在法律中的应用和作用。

（5）融入生物课程：在生物课程中，引导学生关注生命伦理和生命法律，让学生了解人类基因编辑和人类克隆等生物技术的法律法规。

第四节　培养热爱劳动的人

劳动是推动人类社会发展和进步的重要力量。2020 年 3 月，中共中央、国务院发布的《关于全面加强新时代大中小学劳动教育的意见》指出，劳动具有独特的育人价值，各级各类学校要把劳动教育纳入人才培养全过程，通过劳动教育培养学生的劳动精神面貌、劳动价值取向和劳动技能水平。鞍山初级中学结合学生身心发展特征和本校实际，以"以劳动创造美"为主题，推进劳动课程的设计与实施，探索"德育、艺术教育、科技教育、劳动教育"的有机结合，端正学生对劳动的认识，掌握劳动方法，培养劳动兴趣，养成劳动习惯，激发学生热爱劳动的内生动力。

一、营造氛围，使学生更爱劳动

（一）倡导劳动教育，树立劳动典范

倡导劳动教育可以让学生深刻认识到劳动的价值和意义，树立劳动典范能够起到非常重要的积极作用。劳动典范具有积极向上的人格魅力，可以成为广大学生的榜样，让学生更好地认识到劳动的重要性，从而激发他们的劳动意识。鞍山初级中学主要通过以下两种方式树立劳动典范。

（1）邀请优秀劳动者讲述劳动经验。学校邀请优秀劳动者来学校进行演讲或开设讲座，让学生听取他们的劳动经验和感悟，从而引导学生树立正确的劳动观念和价值观。

（2）展示优秀劳动者的事迹和成果。学校在校园内设置优秀劳动典范的展示墙或者画廊，展示学校内外优秀劳动者的事迹和成果，以此激发学生的劳动热情和创新意识。例如，学校通过学习生活中的扫地、擦黑板、理课桌等基本劳动入手，由大队委员会对申报上来的劳动小达人进行考核。考核通过后作为劳动典范在全校予以展示和表彰。在展示过程中，劳动典范专门录制自己的劳动过程短视频并以旁白的形式总结劳动经验，为全校学生讲解劳动细节，为同学们提升劳动效率，养成良好的劳动习惯打下基础。

（二）创设劳动场所，营造劳动氛围

创设劳动场所能够为学生劳动提供合适的场地，有助于在学生中间营造劳动氛围，让学生在共同劳动的过程中认识到劳动的重要性和意义，并获得劳动技能的提升。学校将一些空闲的教室或者场地改造成劳动室，配备劳动工具和设备，

让学生可以在其中进行一些手工活动和劳动实践。此外,学校通过宣传、展示、表彰等方式,营造劳动氛围,让学生了解劳动的重要性和价值,激发他们的积极性和热情。例如,学校根据校园硬件设施灵活安排劳动地点,安排各班在指定的专用教室进行公益劳动。班级以 6 至 8 人为一组,每班可分为 4 至 5 组,分批次实施。劳动情况由各专用教室的负责老师进行记录,每学期根据获得星数给予等第性评价,合格后给予相应劳动课时。

(三) 加强宣传教育,强化劳动意识

学校通过以下两种方式,加强宣传教育,强化学生的劳动意识,培养学生的劳动观念和劳动习惯。

第一,通过校报、校园广播、微信公众号等渠道,开展劳动教育的宣传活动。例如,定期报道学生的劳动实践经验,宣传学生在劳动实践中的成果和收获等。

第二,在学生的日常生活中,渗透和宣传劳动教育,例如通过学生会、班级活动等形式,组织学生开展志愿服务活动,引导学生自觉参与到劳动实践中。例如,每年劳动节期间,学校都会举行"以劳动圆梦,志做新时代好少年"主题升旗仪式进行劳动宣传教育。在仪式中,同学们了解了各行各业的劳动者们一丝不苟地对待自己的工作,保持认真的工作态度,抱着不断学习的心态,成就了属于自己的劳动成果。仪式结束后,各班进行"传承劳模文化,弘扬劳动精神"的主题教育课,进一步弘扬"劳动最光荣、劳动最崇高、劳动最伟大、劳动最美丽"的时代新风尚。

二、加强引导,使学生理解劳动

(一) 开展劳动实践增强劳动体验

学生通过实践才能深入了解劳动的本质和价值,理解劳动是一种生产生活必不可少的行为。为此,学校主要通过以下三种方式开展劳动实践,增强学生的劳动体验。

(1) 组织义务劳动活动:组织学生参加义务植树、环境清理、公益服务等义务劳动活动,让学生亲身体验劳动的过程和成果,感受到自己为社会作出贡献的价值。

(2) 安排校内劳动任务:安排校园环境维护、图书馆整理、宿舍卫生等校内劳动任务,让学生在日常生活中参与劳动,增强劳动体验和意识。

(3) 参观实践基地:安排学生参观工厂、农场、企业等实践基地,让学生了解不同领域的劳动方式和成果,深入体验劳动的本质和价值。例如,劳动教育月,学校组织八年级同学前往上海市环境学校进行劳动和职业体验。在环保科普馆、新能源汽车实训室、自动化生产线实训室、分析检测实训室中,学生了解与环境专业相关的职业内涵和职业要求并进行了相关操作体验,进一步理解了社会的发展离不开各行各业劳动者们的辛勤付出。这样的职业体验不仅可以帮助学生开阔眼界,也可以帮助他们树立对于未来职业规划的意识。

(二) 引导学生认识劳动的意义和价值

学校通过以下三种方式,引导学生认识到劳动是人类社会发展和生存的基础,是实现个人价值和社会价值的重要途径,理解劳动与创新、劳动与发展、劳动与文明之间的内在联系。

（1）开设相关课程和讲座。学校开设了相关的课程和讲座，让学生了解劳动的基本概念、劳动与社会发展的关系、劳动与人类文明的关系等，引导学生认识劳动的意义和价值。

（2）组织参观活动。学校组织学生参观相关的场所或活动，如劳动模范主题展、工厂、展览会等，让学生亲身体验和了解不同类型的劳动，深入认识到劳动对社会和人类的贡献。

（3）开展调研活动。学校开展劳动调研活动，让学生深入了解各行各业的劳动条件和劳动者的工作情况，了解到不同劳动方式的特点和存在的问题，从而更好地认识到劳动的意义和价值。

（三）增强学生的责任感和荣誉感

通过表彰、奖励等方式，能够增强学生对劳动的责任感和荣誉感。在开展劳动实践活动的过程中，鞍山初级中学通过以下三种方式，让学生感受到自己为学校、为社会作出了贡献，增强他们的责任感和荣誉感。

（1）设立劳动荣誉制度，鼓励学生参与劳动，表彰和奖励优秀的劳动者，提高学生的荣誉感。

（2）组织劳动竞赛，让学生在劳动中互相竞争，促进学生的劳动积极性和创造性。劳动擂台赛的比赛内容围绕日常生活劳动、生产劳动、服务性劳动开展，学生们积极主动参与，在活动中培养了辛勤劳动、诚实劳动、创造性劳动的情感。例如，在劳动教育月期间进行分年级的"劳动—技校园擂台赛"，展示校园劳动达人风采。六年级的主题为"豆趣横生，粒粒珍贵"，比赛内容是拣菜、做菜，并将成果带回家制作一道美味佳肴与家人分享，拍照留念。七年级的主题为"巧手叠衣，叠出精彩"，比赛内容是整理衣物比赛。八年级的主题是"指尖创意，妆点生活"，比赛内容为微景观 DIY 设计比赛，设计并制作能体现劳动精神的微景观作品。比赛后，对参与比赛的学生赋予红领巾特色章"劳动章"。同时设立个人一、二、三等奖和集体优胜奖，在升旗仪式上进行表彰，并对获奖个人进行"劳动章"加星。

（3）设立志愿者服务项目，组织学生参与社区服务、公益活动等，提高学生的责任感，增强学生的社会责任感和公民意识。

三、注重方法，使学生善于劳动

（一）劳动行为的规范化和安全化

规范化和安全化劳动行为是让学生在劳动中养成良好的习惯和行为方式，避免因不规范和不安全的劳动行为造成伤害和事故。学校的主要举措有以下四点。

（1）制定明确的劳动纪律和安全规章制度，对学生在劳动中的行为方式、安全防护措施等方面进行规定和说明，以规范学生的劳动行为。

（2）建设安全的劳动环境，包括检查和维护劳动场所和器材，保障劳动设施和器材的完好和正常使用，减少因设备故障和损坏导致的安全事故。

（3）提供必要的安全防护用品，如手套、口罩、护目镜、安全帽等，保护学生在劳动过程中的身体安全。

（4）逐步加强安全教育培训，让学生了解各种危险和安全事故的防范措施，提高学生的安全意识和防范能力，减少安全事故的发生。

（二）通过课程教学培养实用技能

开设劳动技能课程是为了让学生通过学习和实践掌握各种实用的劳动技能，

提高他们的劳动能力和实用能力。学校主要通过以下四条措施实现。

（1）设立劳动技能课程。学校根据学生的兴趣和需求,设置各种劳动技能课程,如木工、电工、钳工、焊工等,让学生在课堂上学习和掌握各种实用的劳动技能。

（2）配置专业的器材和设备。学校配置了专业的器材和设备,以保障学生在学习和实践中能够得到充分的锻炼和实践,提高他们的劳动能力和实用能力。

（3）培养师资力量。学校培养专业的师资力量,为学生提供专业的指导和教学,让学生在实践中得到充分的锻炼和实践,提高他们的劳动能力和实用能力。

（4）加强与社会的合作。学校通过与社会的各种行业和企业进行合作,让学生得到更加真实和丰富的实践锻炼和培训,提高他们的劳动能力和实用能力。

（三）通过实践教学提高劳动能力

结合劳动实践开展教学是提高学生劳动能力的重要方法之一。通过实际操作和实践锻炼,可以让学生深入了解和掌握各种实用的劳动技能,提高他们的动手能力和实用能力。学校主要通过以下三条措施实现。

（1）加强实践教学。安排一定的实践课程,让学生在实践中学习和掌握各种实用的劳动技能,提高动手能力和实用能力。

（2）提供实践机会。学校与社会的各种行业和企业合作,为学生提供实践机会,让学生在实践中得到充分的锻炼和实践。

（3）引导学生探究和创新。学校通过引导学生探究和创新,让学生在实践中自主发掘和创造。

第六章

和而新：教育治理与创新发展

在新时代背景下，学校教育要从自上而下的"管理"，走向多维参与的"治理"，要基于校长、专家、教师共同参与的顶层设计，基于学校、家庭、社会资源的统筹运用，推动学校高质量发展。

第一节 基于顶层设计的学校治理

2018年,学校入选强校工程项目。为固本强基,提升教育教学水平,"办好家门口的初中",有序有效开展强校工程项目,学校开展顶层设计,建立推进组织架构,制定项目规划。

一、建立强校工程推进组织架构

规划的实质是"为未来做现在的决策",强校工程的规划是学校发展的价值引领。学校深耕强校工程发展内涵,做好项目运维的顶层设计,确立"由专家适度介入、团队合作探究的'五步推进'实施路径"(见图6-1)。

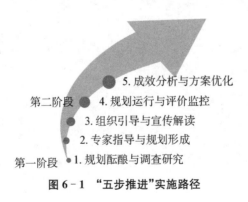

图6-1 "五步推进"实施路径

学校构建强校工程推进组织架构(见图6-2),建立强校工程规划工作领导小组,由校长任组长,强化规划实施的具体指导和统筹协调。

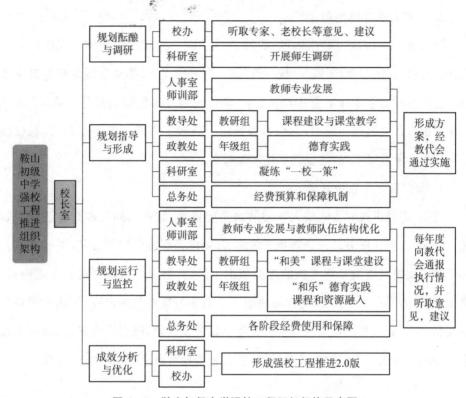

图6-2 鞍山初级中学强校工程组织架构示意图

(一) 第一阶段:规划制定与解读

强校工程规划的形成是一个由下而上、再从上到下的过程,在这个过程中学校逐步统一认识、凝聚人心,激发师生内生发展的动力。

1. 规划酝酿与调查研究

强校工程启动前期,学校认真听取领导、专家、老校长的建议,对全校师生展开问卷调研,探究学校办学的历史底蕴和根基。根据多方意见和调研数据分析结果,学校针对师生需求和学校"课程与教学改革"发展瓶颈,为规划拟定找依据、明方向。

2. 专家指导与规划形成

专家指导学校从"深度、维度、高度、宽度"四个维度理解强校工程的内涵品质,明晰强校行动指向,形成"一校一策"这一杠杆的支点,撬动学校课程与教学改革。在充分听取全体师生意见的前提下,学校的强校工程规划几易其稿,于2018年9月由教代会通过。随后,学校修改确定了强校工程四年发展规划,构思校园文化环境形象升级工程,建设数字化体验教室。

3. 组织引导与宣传解读

首先,将推进规划实施纳入学习研讨重要议题,就重点问题进行专题研讨解决。其次,将强化任务进行分解和责任落实,明确各职能部门的责任,并将关键目标任务落实情况作为年终考核的主要依据。最后,组织广大教师进行专题研讨、交流座谈、专题报告、学习培训,帮助师生全面学习规划基本内容、深入领会规划主要精神。同时,利用校园网等平台宣传学校强校规划,吸引广大家长、社区等社会力量进一步关心支持学校改革发展,为实施规划营造良好的环境和氛围。

(二) 第二阶段:规划运行与优化

1. 规划运行与评价监控

学校制定项目运行管理机制,包括课程管理、课堂教学、作业管理、教科研管理等机制。对规划实施进行监控、跟踪,开展阶段性评估,保障项目进程和成效。

2. 成效分析与方案优化

学校分阶段总结规划的实施成效,对照前期目标与评价量表,进行反思。同时,聘请专家、骨干教师评价与分析阶段性成效的适切性与有效性,结合新一轮学校发展规划拟定,形成具有校本特色的"强校工程推进2.0版"规划方案。

二、明确强校工程规划具体内容

(一) 发展目标

在专家全程专业指导下,学校积极推进"强校工程"实践研究,不断改进实验校发展规划及相关计划的制定与实施。

(二) 实施项目

1. 专家咨询委员会项目

学校成立专家咨询委员会,聘请不少于3名专家,其中包括学校管理专家、学科教学专家、教育德育专家等。学校制定专家委员会章程和相关机制。专家咨询委员会依据章程开展活动,为学校提供全方位专业支持和帮助。例如,学校在专家咨询委员会的帮助下,启动青年教师发展共同体建设项目和"名师工作室"项目,还依托辽阳中学教育集团、教育学院和市实验性示范性高中,积极引入优质资源和专业支持。

2. 专业指导项目

在前期调研分析结果的基础上,专家指导学校制定实施规划、现代学校制度、学校课程计划等,对学校实施"强校工程"进行全程专业指导。

(三) 实施对策

在前期调研中,学校发现学生视角的学校"和美课程"还有待建设,高质量学习的课堂样态还有待提炼。于是,学校结合"强校工程"建设要求和上海新中考改革方案的精神,提出对策:通过"'和美课堂'的构建和行动研究",使师生双方成为"和美课堂"的创造者、构成者和享受者。"和美课堂"是基于"和美教育"思想和学校办学理念而构建的课堂文化转型模式,其构成主要由四个维度和七个着力点组成。

1. 在课堂理念文化维度,着力点是"价值认同"和"目标追求"

学校追求的"和美"课堂理念文化是"深度学习"的文化。学校追求的"和美"课堂以促进学生的深度学习为目标,其教学样态具有"和谐的教学目标、师生关系和教学过程""尚美的教学思想、教学行为和教学艺术"的特点。其中"理念认同"是前提,"教师参与"是关键。

2. 在课堂行为文化维度,着力点是"团队建设"和"创智生成"

"团队建设"指向教师团队的建设。学校以"新时代提升教师专业素养的研修课程建设项目"为抓手,建立有效的团队合作机制,使团队成员形成教育之智并养成教育之德,这是课堂文化转型的关键。在实践操作中,教师团队需要通过围绕课堂文化转型的主题,加强课堂文化转型研究,发挥团队负责人的引领作用,优化考核评价体系和加大经费的投入,达到教师专业发展的最优化。

"创智生成"指向学生学习的转变。学校基于新中考改革的背景,以"学生学习方式的变革"和"有效作业改进"为突破口。其中,"学生学习方式的变革"按照学习方式类型和学习经历营造文理相融、动静相生的"和美课程"架构,构建满足学生全面成长和个性发展需求的课程图谱。"有效作业改进"通过设计实施更适合本校学生的校本作业,充分发挥学生的学习主动性,促进学生在教师指导下主动地、富有个性地学习,培养学生的实践能力和创新能力,促进学生的可持续发展。

3. 在课堂制度文化维度,着力点是"规准运行"和"守正激励"

"规准运行"指向教研组建设。学校首先强化教研组建设,明确教研重点。各教研组围绕课堂教学的关键问题等教研重点,以"让学生想和说"为切入点,将课堂改进重点定位于"基于活力课堂的观察与改进",通过对课堂教学的观察分析,反思教师教学有效度。其次,学校牵头推进区域教研联合体建设,落实联合教研的活动场地、时间、资金,积极邀请市、区教研室相关教研员深入教研联合体,组织和引导教研联合体有效开展教研活动。

"守正激励"指向学业质量评价。学校以"基于学科课程标准和绿色评价功能导向的学生学业质量评价研究项目"为抓手,研究制定课堂教学评价的方案以及课堂教学评价的指标系统。学校建立激励评价制度,重点评价学生在课堂教学中研究性学习、实践性学习、合作性学习的表现。

4. 在课堂环境文化维度,着力点是"创智云课堂的建设项目"

学校加大专用教室的信息化配套设备建设,利用云课堂 iPad、AiSchool 系统等辅助教学工具提高教师课堂教学效率。教师们通过便捷的数据采集方式,丰富的量表以及多维度的数据分析,获得有关学生学习的有力数据支撑。在学校自主研制的《和美课堂评价标准》引领下,走出一条课堂变革的新路,提高课堂教学效益,使课堂成为焕发师生生命活力的生态园。

三、推动强校工程规划落实成效

前期调研发现,学校存在课程设置和课程结构不够完善、教师队伍专业化成长不成熟等问题。为了打破这一瓶颈,学校以构建"和美课程"、营造"和美课堂"为切入点,激发办学活力,促进快速发展。

"和美课程"构建和"和美课堂"的主要研究内容有三项。首先,加强课程结构与设置的顶层设计和统整融合。其次,明晰学生关键能力培育的具体指向。第三,调整改进综合素质的评价方式。具体的推进策略为"一方案、四驱动"。其中,

"一方案"指《构建"和美"课程,营造"和美"课堂——上海市鞍山初级中学课程领导力行动方案(2019—2022年)》。"四驱动"指学习体验场环境驱动、教师专业发展驱动、自主学业成长驱动、多元资源融通驱动(见图6-3)。

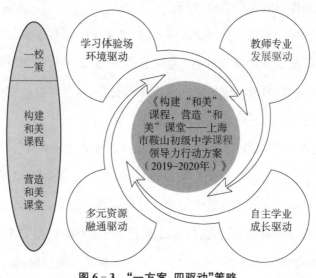

图6-3 "一方案,四驱动"策略

(一)"方案设计"重品质

2018年,学校在专家指导下,完成课程行动方案的制定。两年来,学校依据方案,在上海市教委教研室专家团队的指导下,完成课程领导力行动方案的研制。

1. 绘制图谱,完善结构

学校"和美课程"课程图谱的整体设计体现了通过"三和"课程的架构与实施,实现"和而有长,博能兼美"的育人目标的寓意。图谱的具体设计详见本书第二章。

2. 搭建框架,完善架构

在课程领导力行动方案中,学校聚焦八大学习领域,明确每一类课程的实施路径及课程评价维度。其中,"和思"课程重点关注基础型课程的校本化实施。"和趣"课程重点关注拓展型课程的特色化实施,突出以书法、足球为主的特色课程引领。"和乐"课程重点关注探究型课程的多维化推进,突破学科界限,推进文理相融、动静相生的课程群建构。三类课程的具体内容与实施评价详见本书第二章。

3. 打造团队,制定标准

学校打造各学科基础型课程校本化实施团队、拓展型课程研发团队、跨学科探究型学习项目团队、德育实践指导团队等多个课程研发与运维团队,保障"和美课程"的可持续生长和创设性运行。

(二)"四大驱动"重实效

1. 学习体验场环境驱动

学校规划并建构文化长廊、创智空间、"和美"环境三大学习体验场环境,驱动"和美课程"的构建和"和美课堂"的营造。

(1)文化连廊。体现"一红、二青、三墨"的传统文化环境,打造墨香校园。

"一红"指一个主线,以审美教育为主线,确立"一笔一划写好字,一撇一捺做好人"的校训。

"二青"指用青石镌刻的书法碑帖"神韵廊",和用青砖铺就的"千姿壁",谐音千支笔。学生只要带着笔和清水,就可以在"千姿壁"练字。

"三墨"指在走廊、教室、办公室墙壁等校园各处的"墨宝廊""墨迹窗",以及"墨香斋"。其中,"墨宝廊"介绍中国历史上的书法家、文房四宝。"墨迹窗"展示师生书法作品。"墨香斋"是装修古色古香的书法教室。

(2)创智空间。建设创新实验空间、数字体验空间、智慧阅读空间,打造科学乐园。其中,创新实验空间包括理综科创工坊、翰墨流芳两个创新实验室。数字体验空间包括数字化体验教室、数字化音乐教室 2 个修习空间。智慧阅读空间包含数字化管理系统、自助借阅系统、电子阅览等。

(3)"和美"环境。从办学理念、课程、教学大楼,多方位打造文化家园。学校以"人和校兴"为办学理念,课程架构突出"和思""和趣""和乐"。学校的三大教学大楼分别命名为"和实楼""和衷楼""和韵楼",寓意敦本务实、和衷共济、逸韵高致。

2. 教师专业发展驱动

学校以研促教、精准施策,通过支持教师专业发展,驱动"和美课程"的构建和"和美课堂"的营造。

(1)以研促教,提升教育教学质量。聚焦"研"字,通过组织教师开展主题研修、进行研课磨课、参与项目研究,提高教师专业素养,提升课堂教育教学质量。有关基于研修提升教师专业能力的内容详见本书第四章。

(2)精准施策,关注中青教师发展。通过规培课程的建设、教学管理制度的完善、青年教师发展共同体的建立,促进中青教师的专业发展。有关教师专业发展的内容详见本书第四章。

3. 自主学业成长驱动

学校通过拓展型课程、探究型课程、社会实践课程的开展,促进学生的自主学习与发展,驱动"和美课程"的构建和"和美课堂"的营造。

(1)长短周期课程结合,立体架构拓展型课程。为满足学生自主成长需求,学校改变原有单一的一学期制的长周期课程,建立长短课程制,短周期课程为半学期制。根据课程内容、教学方式和学习方式的不同,教师可以自行选择课程的周期。每学期初,学生可以自由选择 1 个长周期课程或 1—2 个短周期课程,保证在初中整个学段完成6门非限定性拓展型课程。

（2）对接中考改革方向，聚焦学科探究性学习。为回应中考改革的新要求，学校通过学科探究项目、文理综合学习探究项目、政史地生跨学科长作业研究项目，聚焦学生的学科探究性学习。其中，学科探究项目渗透在日常教学中。文理综合学习探究项目采用课题学习和项目学习的方式，采取小组合作的方式展开。政史地生跨学科长作业研究项目围绕某一主题，整合相关学科的知识展开。

（3）实践拓宽学习时空，实现学习方式的变革。为拓宽学生的学习时空，学校设计并实施社会实践课程群，将课程学习从校内延伸至校外。课程群包括社会考察课程、公益劳动课程、职业体验课程、安全实训课程四大类（见图6-4），通过人文行走、科学考察、场馆探究等多种学习方式，实现学生学习方式的变革。

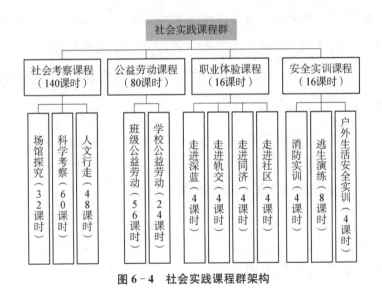

图6-4　社会实践课程群架构

4. 多元资源融通驱动

学校借力社区、校际、大学、家长资源，驱动"和美课程"建设，丰富学生学习经历。

（1）基地实践，职业体验。学校与海军特色医学中心、同济大学电子工程信息学院、上海地铁第四运营有限公司、江浦路街道图书馆的学生职业体验基地签约，充实学生社会实践基地。与此同时，学校主动对接家长、社区、联盟校、集团校，充实课程与教学资源。

（2）校际共享，课程体验。学校作为辽阳中学教育集团课程研发中心，积极引进集团校优质团本课程，驱动同育联盟课程，积极指导学生开展探究性学习。例如，辽阳中学教育集团将"人文行走""集邮""舌尖上的邂逅"等优质课程送课到校，组织学生去其他学校参加 DIS（数字化信息系统）课程的学习。

（3）人文行走，文化体验。学校与复旦大学、同济大学、上海财经大学、杨浦自来水厂等单位合作，规划行走路线，积极推动学生参与"人文行走"活动，让学生在行进中学习，感受上海丰富的历史文化、了解历史知识、激发家园情怀。

（4）家长学堂，生活体验。学校驱动"家长学堂"，借力家长的优质资源，把学校小课堂延伸到社会大课堂。

第二节　基于资源统筹的学校治理

一、民主管理，激发教师主动

（一）建立民主管理机制，促进学校治理体系现代化

学校治理体系现代化是建设强校工程的基础，而民主管理是现代化治理体系

的核心之一。因此,学校需要建立一套科学、民主、规范的管理机制,把学校管理做"精"做"细",在精细中求规范,在规范中求优化,在优化中求特色,形成"以规范管理为内核、以制度管理为基础、以民主管理为准则、以人本管理为导向"的学校内部结构管理框架。具体而言,鞍山初级中学的学校管理主要包含以下四条举措:

(1)用规范管理营造学校特色。坚持依法办学、规范办学,以现代学校管理理念为指导,实施校长负责制,充分发挥党支部的政治核心作用和工会的民主监督作用,积极创新和改革学校管理模式。学校积极推进凝聚力工程,积极探索"以目标凝聚人,以精神鼓舞人,以机制激励人,以真情关怀人"的管理机制,重视后备干部的选拔和培养,形成"人和"管理特色。

(2)用制度管理规范办学行为。学校对现有规章制度进行系统的清理规范,修订《管理手册》,不断完善细化各项内部管理制度,做到学校管理各项工作有章可循,有全面的精细化管理目标,有可操作的精细化管理细则,有高效的反馈评估机制。学校坚持以校务会、行政会等形式进行集体讨论,打造能干事、会干事、干成事的管理队伍,全面提升学校领导力和执行力。学校继续完善绩效考核办法,发挥绩效工资分配方案对教职工的激励导向作用。学校在修订《上海市鞍山初级中学制度汇编》的基础上,修订并印发了《上海市鞍山初级中学员工手册》,将教育管理的要求宣传推广至每一位学校的教职工,加强学校内控制度的深入学习和落实,保障学校内部机制良好运行。

(3)用民主管理形成发展合力。完善常态化的教代会制度;实施多样化的校务公开机制;建立多元化的社会参与机制。

(4)用人本管理提升办学质量。规范教师依法执教行为,关注、关心、尊重每一位教师的工作、生活、发展和成长,给每一位教师营造自身发展的空间,搭建施展才华的舞台,引导教师爱岗敬业,让每位教师都明确"人人都是管理者,人人都在管理中"。

(二) 支持教师专业发展,提高教师整体素质

1. 发展目标——教师精良

学校引领教师,注重专业发展,为教师专业成长创设条件、搭建平台。通过三年努力,形成良好的校内外队伍建设机制。培养一支由骨干领衔、团队支撑的师德高尚、教学理念先进、具有较强的业务能力和科研能力、有开拓创新精神、乐于奉献、团结协作、年龄和职称结构合理的教师队伍。

2. 主要举措

(1) 持续加强师德师风建设

开展形式多样的师德教育活动,引进内容丰富且有实践意义的报告、讲座、活动等,多方位深入学习《教师法》《教师职业道德规范》等,从师德上引导教师;深入学习优秀教师的崇高师德风范和奉献精神,从师风上引领教师;开展多样化活动,以榜样的力量激励全体教师。增强教师职业道德素质和责任意识,并能落实到日常的教育、教学工作中,使每位教师做到敬业爱岗、团结协作、锐意进取。

(2) 有效提升教师基本技能

增强教师自我塑造的意识,确立自我发展目标。以实施学校三年发展规划为契机,引导教师为自己量身定制《教师个人专业发展三年规划》,明确发展方向,用目标激励教师专业成长。定期开展教师岗位练兵活动,夯实教学基本功。建立师徒带教制度,开展见习教师的适应性带教、青年教师的发展性带教、教有所长教师的特色带教。深化校本教研,开展同课异构、一课多上的课例研究。深入开展课题研究,引领教师主动发展,形成教学风格。

（3）搭建教师成长多元"平台"

一是校、区、市各级培训平台。按时保质保量完成培训任务，启动"十三五"校本培训工作，积极探索校本研修的基本内容、活动方式和管理办法，逐步形成符合教师实际的校本研修模式。

二是教育科研平台。发挥科研先导作用，强化课题意识、研究意识、行动意识、成果意识，指导教师在科研工作中"善于发现、敏于行动、勤于积累、长于分析、精于总结"，以科研促进教师队伍的成长。

三是教学评优平台。推荐、组织教师参加区、校两级课堂教学评优活动，提高教师专业技能，为骨干教师搭设展示的平台，创设市、区级教学展示的机会，安排校内展示课或评比课，提升教学智慧。

四是学习交流平台。鼓励教师参加区教研联合体和辽阳教育集团教研活动；定期组织骨干教师沙龙，教学论坛活动，就教育教学专题进行交流讨论；选派优秀教师参加市、区级学习和培训活动。

五是专家引领平台。定期聘请教育教学专家来校做专题讲座，近距离与专家对话，丰富教育认识，提高理论素养。

（4）整体提升教师综合素养。在专家引领中实践，在同伴互助中研修，在自我反思中提升。通过教研组、备课组、年级组的各项教育教学研讨、教学论坛、跨校交流等多种形式的互补联动，努力寻求适合学校实际情况和学生发展的方法。将自我反思、同伴互助、专家引领始终贯穿于教师教育过程中，整体提升教师素养。

（5）课改推动教师专业成长。学校当下还开展了三项课程改革实践，满足了基于学生核心素养培育的多元学习需求，开阔了教师专业成长的视野。近年来，学校组织实施的重点项目研究有三项：一是"语数英课程的作业攻关""政史地生跨学科长作业探究"等国家基础型课程校本化实施项目，已形成体现单元教学基本要求的6—8年级语文、数学、英语校本作业;二是运用信息技术手段,逐步探索对"翰墨流芳""快乐足球"等特色校本课程进行二次开发;三是依据市教委学生综合素质评价的相关要求,针对学生年龄和学业成长特点,整合校内外各类德育资源,多种途径研发校本德育课程、集团德育共享课程,并积极建构校园隐性环境课程。通过调查问卷数据显示:一线教师在推动课程可持续发展的进程中,提升了对专业成长的认知和行动品质。

(6)关怀重视教师心理健康。营造健康的教学环境离不开阳光健康的教师。在忙碌的工作节奏下,关心教师的心理健康。结合上级部门要求,通过培训、讲座、网上学习等形式关怀教师的心理状况。

3. 检测指标

(1)三年内继续保持高、中级教师比例达到市、区"十三五"要求。计划新增高级教师1人、区学科带头人1人、区骨干教师2人,区域层面中、青年骨干教师及校教育教学能手占教师总数10%等。力争形成高级教师、区学科带头人、区骨干教师梯队,新增校骨干若干。

(2)学历达标100%,研究生学历教师占学校教师人数10%,90%以上教师能适应未来更高的教育教学工作要求。

(3)继续推进区见习教师规范化培训基地校的工作,确保工作扎实有亮点。形成由"见习教师—青年教师—校教育教学能手—区骨干教师—学科带头人"组成的教师梯队。

(4)加强骨干教师和青年教师培养,涌现各级各类的教师先进典型若干名。

(5)搭设比赛平台,争取教师在"小荷杯""百花杯"等市、区级教学比赛活动中有突出成绩。

(6)规范教师个人三年发展规划的制定,健全机制,加强对教师个人规划制定、执行的过程管理。

二、引进资源,搭建发展平台

(一) 开展产学研合作,打造校企联盟平台

为了丰富教育教学资源,学校积极开展产学研合作,打造校企联盟平台。学校与相关企业和科研机构建立长期合作关系,开展共同研究和创新实践,促进教学与产业的深度融合。

(二) 建设数字化校园,提升教育教学质量

随着信息技术的不断发展,数字化教育已经成为当前教育发展的趋势和方向。数字化校园建设不仅可以提高教育教学质量,还可以促进学校的转型升级和发展。为此,鞍山初级中学致力于搭建信息技术数字校,以"数字校园""云课堂"为核心,以新媒体、新平台等现代教育技术的使用为突破口,探索数字化教育的新模式和新方法,具体包括以下四个方面。

(1) 建设数字化教学平台。学校通过建设数字化教学平台,实现教师在线备课、教学内容共享、学生在线学习等功能,提高教学效率和学习效果。

(2) 推广数字化教学资源。学校购买和使用数字化教学资源,如在线教材、多媒体课件、网络课程等,为教学提供更加多样化和生动的教学资源。

(3) 推进在线教育。学校积极推进在线教育,通过互联网技术,实现师生的跨时空互动。

(4) 优化数字化校园管理。学校通过数字化校园管理系统,实现学校内部的信息化和智能化管理,包括教务管理、学生管理、财务管理等,提高管理效率和服

务质量。

三、家校合作,形成育人合力

家校合作是指学校和家庭之间建立密切的教育合作关系,共同关注学生的成长、发展和学习过程,形成育人合力。家校合作能够加强家庭对学生的教育监督和支持,也有利于学校更好地了解学生的实际情况和需要,为学生提供更加个性化和全面的教育服务。在家校合作中,学校和家庭可以共同制定教育目标和计划,互相交流和反馈学生的学习和成长情况,共同解决学生在学习和生活中遇到的问题。

(一) 加强家校沟通交流,共同关注学生成长

家校合作是建立在家校沟通的基础上的。为此,学校主要采取以下四项措施,加强家校沟通交流,共同关注学生成长。

(1) 定期召开家长会。通过家长会,帮助家长了解学生在校的学习和生活情况,同时也让学校了解家长的关注点和需求。家长会可以设立不同主题,如学生的学习、安全、心理健康等,让家长和学校就不同的问题进行深入交流。

(2) 建立班主任和家长之间的联系机制。学校建立班级微信群,班主任可以在群里发布学生在校的表现和学习进展,家长也可以在群里向班主任反馈学生在家的情况。此外,班主任也借助家校联络册等其他多种途径,及时与家长沟通学生在学校的表现和需要关注的问题,家长定期与班主任交流学生在家的情况。

(3) 开设网上课堂。通过网上课堂,家长能够观看学生在学校的课程,进一步了解学生的学习情况。学校可以在网上课堂中设置留言板,让家长可以在上面与

老师交流,提出问题和意见。

(4) 鼓励家长参与学校活动。学校定期开展家庭参与的活动,如亲子运动会、亲子读书会等,让家长和学校之间建立更加紧密的联系,促进学校和家庭的互动和联系。

(二) 构建家校共育新制,全方位立体式育人

要保障家校合作的效果,需要有更加深入、更加全面、更加有效的合作机制,让家庭和学校之间育人理念更加统一、配合更加密切,为学生提供更全面、更个性化的支持和帮助。具体而言,学校通过以下五条举措,构建家校共育新制。

(1) 建立家校共育协作平台。通过建立在线平台、创建微信群、召开家长会等形式,让家长和学校之间的交流更加密切,双方可以随时随地了解学生的学习和生活情况,及时交流问题和解决难题。

(2) 建立家校共育工作小组。学校组建家校共育工作小组,由家长代表、班主任、学科老师等人员组成,共同制定教育方案和教学计划,制定学生的学习和生活规划,以及关注学生的情感变化和心理健康。

(3) 开展家校合作的课程和活动。学校根据学生的需求和兴趣,与家长一起设计亲子阅读、文化体验、科技创新等课程和活动,让家长和学生一起参与到学习中。

(4) 开展家庭教育指导工作。学校定期邀请教育专家、心理咨询师等人员,开展家庭教育指导和心理健康教育活动,帮助家长更好地了解孩子的成长过程,提供有针对性的教育和支持。

(5) 提供家校互动的机会。学校经常组织家长走进课堂、课外活动,让家长更好地了解学校的教育理念和教学情况,参与到学生的学习和生活中来。

参 考 文 献

一、著作

［1］艾斯纳.教育想象——学校课程设计与评价[M].李雁冰,主译.北京:教育科学出版社,2008.

［2］布兰思福特,等.人是如何学习的——大脑、心理、经验及学校[M].程可拉,孙亚玲,王旭卿,译.上海:华东师范大学出版社,2013.

［3］高文,徐斌艳,吴刚.建构主义教育研究[M].北京:教育科学出版社,2008.

［4］关颖.社会学视野中的家庭教育[M].天津:天津社会科学院出版社,2000.

［5］胡中锋.教育评价学[M].北京:中国人民大学出版社,2008.

［6］Judith Arter,Jay McTighe.课堂教学评分规则——用表现性评价准则提高学生成绩[M].国家基础教育改革"促进教师发展与学生成长的评价研究"项目组,译.北京:中国轻工业出版社,2005.

［7］李劲松,主编;王艳玲,副主编.学校教育基础[M].北京:高等教育出版社,2015.

［8］李燕,吴维屏,主编.家庭教育学[M].杭州:浙江教育出版社,2009.

［9］骆玲芳,主编.学校课程规划与实施[M].上海:华东师范大学出版社,2006.

［10］乔森纳,主编.学习环境的理论基础[M].郑太年,任友群,译.上海:华东师范大学出版社,2002.

［11］王小明.学习心理学[M].北京:开明出版社,2012.

［12］吴刚平,编著.学校课程管理实务[M].北京:高等教育出版社,2005.

［13］袁振国,主编. 当代教育学（2004 年修订版）［M］. 北京:教育科学出版社,
2004.

［14］朱宗顺,主编. 现代学校教育导论［M］. 武汉:华中理工大学出版社,2000.

二、期刊论文

［1］班建武."新"劳动教育的内涵特征与实践路径［J］. 教育研究,2019,40(1):
21 - 26.

［2］常咏梅,李馥蕙,李怡灼."双减"背景下数据支持的分层作业设计策略
［J］. 现代教育技术,2023,33(7):62 - 71.

［3］高小兵. 分层教学分类指导的层次目标和教学过程［J］. 教育理论与实践,
2000(1):58.

［4］郭元祥. 论学校的办学理念［J］. 教育科学论坛,2006(4):5 - 8.

［5］郝志军,刘晓荷. 五育并举视域下的学校课程融合:理据、形态与方式［J］. 课
程·教材·教法,2021,41(3):4 - 9,22.

［6］核心素养研究课题组. 中国学生发展核心素养［J］. 中国教育学刊,2016
(10):1 - 3.

［7］靳玉军. 加强青少年法治教育的若干思考［J］. 教育研究,2015,36(4):57 -
60.

［8］雷榕,锁媛,李彩娜. 家庭学校环境、人格与青少年心理健康［J］. 中国临床心
理学杂志,2011,19(5):687 - 689.

［9］刘衍玲,臧原,张大均. 家校合作研究述评［J］. 心理科学,2007(2):400 - 402.

［10］秦瑾若,傅钢善. STEM 教育:基于真实问题情景的跨学科式教育［J］. 中国
电化教育,2017(4):67 - 74.

[11] 史宁中.推进基于学科核心素养的教学改革[J].中小学管理,2016(2):19-21.

[12] 孙欢欢.教育公平视域下的分层作业及其实施[J].教育理论与实践,2013,33(7):61-64.

[13] 孙雪连,褚宏启.学校管理中民主参与的影响因素研究[J].教育发展研究,2017,37(10):76-81.

[14] 孙雪连,李刚.参与民主:学校管理方式的转变[J].华东师范大学学报(教育科学版),2018,36(1):29-34,160.

[15] 檀传宝.劳动教育的概念理解——如何认识劳动教育概念的基本内涵与基本特征[J].中国教育学刊,2019(2):82-84.

[16] 万福.校本教师培训模式研究[J].教育研究,2002(1):24-26,54.

[17] 王鉴,徐立波.教师专业发展的内涵与途径——以实践性知识为核心[J].华中师范大学学报(人文社会科学版),2008(3):125-129.

[18] 温彭年,贾国英.建构主义理论与教学改革——建构主义学习理论综述[J].教育理论与实践,2002(5):17-22.

[19] 项贤明.和谐教育:全球化时代的教育新理念[J].比较教育研究,2008(4):10-15.

[20] 肖川,胡乐乐.论校本教研与教师专业成长[J].教师教育研究,2007(1):17-21.

[21] 肖丽萍.国内外教师专业发展研究述评[J].中国教育学刊,2002(5):61-64.

[22] 徐长发.新时代劳动教育再发展的逻辑[J].教育研究,2018,39(11):12-17.

[23] 许世平.生命教育及层次分析[J].中国教育学刊,2002(4):7-10.

[24] 余文森.从"双基"到三维目标再到核心素养——改革开放40年我国课程教

学改革的三个阶段[J].课程·教材·教法,2019,39(9):40-47.

[25] 余文森.论自主、合作、探究学习[J].教育研究,2004(11):27-30,62.

[26] 袁振国.教育数字化转型:转什么,怎么转[J].华东师范大学学报(教育科学版),2023,41(3):1-11.

[27] 张紫红,崔允漷.论课程内容结构化:内涵、功能与路径[J].课程·教材·教法,2023,43(6):4-10.

[28] 赵敏,蔺海沣.校本教研共同体建构:从"共存"走向"共生"[J].教育研究,2016,37(12):112-119.

[29] 郑金洲.案例教学:教师专业发展的新途径[J].教育理论与实践,2002(7):36-41.

[30] 钟启泉.基于核心素养的课程发展:挑战与课题[J].全球教育展望,2016,45(1):3-25.

[31] 钟志贤.建构主义学习理论与教学设计[J].电化教育研究,2006(5):10-16.

[32] 周洪宇,齐彦磊."双减"政策落地:焦点、难点与建议[J].新疆师范大学学报(哲学社会科学版),2022,43(1):69-78.

[33] 祝智庭.教育信息化:教育技术的新高地[J].中国电化教育,2001(2):5-8.

后记

　　"和美"是一种境界,表达了对人、对事心胸坦荡的接纳与包容;"和美"是一种状态,表达了在学习、工作和生活中追求自身价值实现,却又不急功近利的行为;"和美"是一种感受,表达了对事、对物美好和谐的欣赏与感谢。

　　上海市鞍山初级中学"和美教育"的价值内涵,是一种"静待花开"的价值追求。"和美教育"相信每一个学生都蕴藏着巨大的发展潜能,把每一个学生都当成亟待绽放的花朵,重视个性差异,正视花期不同,以平和的心态、优美的姿态去灌溉,因材施教,因势利导,让他们在"和美"校园的沃土上自由绽放,"和美"成长。

　　本书是鞍山初级中学开展"和美教育"实践探究取得的阶段性成果,是全体教师实践智慧的结晶。经过多年的探索,"和美教育"已渐渐成为鞍山初级中学发展的一把金钥匙,无时不在,无事不在,活跃在校园里、活跃在教室里、活跃在师生和家长的言谈与行动中。

　　当下,教师用自己的智慧书写"和谐尚美",潜心教书、静心育人,默默地付出自己的全部精力。学生在校园内个性飞扬,百花齐放,充分展现自身的特长与魅力。学校在通往强校工程的路上,正向终点发起有力的冲刺,必能迎来彩霞满天的盛景春光。

　　本书在编写过程中,得到了上海市教育科学研究院杨四耕老师、上海市杨浦区教育局研究室原主任胡振凯老师的倾力指导,在此深表感谢!

"品质课程"阅读书目

学校整体课程规划
学校整体课程规划的七个关键
教学诠释学

特色学校聚焦丛书

让个性自然发荣滋长:"引发教育"的理论寻源与实践探索
面向每一个生命的教育
让每一个生命澄澈明亮:"小水滴"课程的旨趣与创意
新劳动教育:时代意蕴与实践创新
自信教育与个性生长
好学校的精神特质

跨学科课程丛书

像博士一样探究:PHD课程的创意与探索

核心素养导向的课堂教学丛书

深度教学的内在维度:数学反思性学习的六个策略
具身学习的18种实践范式
课堂是照亮彼此的地方
以学习为中心的课堂范型
简练语文:教学主张与实践智慧
课堂核心素养

特色课程建设丛书

幼儿园特色课程的框架与实施
课程是鲜活的:"大视野课程"的旨趣与活性
指向核心素养培育的学校课程图谱
让儿童生活在美的世界里:幼儿园全景美育的课程探索
核心素养与学习需求:学校课程建设导引
儿童自然探索课程

课堂教学新样态丛书

课堂,与美最近的距离:基于学科核心素养的课堂教学变革
协同教学:意蕴与智慧

决胜课堂 28 招
一百个孩子，一百个世界：基于差异的教学变革
课堂如诗："雅美课堂"的姿态
在教室里眺望世界：基于 BYOD 的教学方式变革
课堂教学的资源设计与方式变革
境脉教学的实践范式与创意设计
任务驱动与学科实践
课堂教学的智慧属性与意义增值："灵动课堂"的六个关键词

📖 学校课程变革新取向丛书

平衡性变革：学校课程建设新取向
解构性变革：学校课程发展的突破口
赋权性变革：提升学科领导力
整合性变革：特色学科的内在生长
内生性变革：学科课程的生成机理
审美性变革：学校课程的诗意境界
协商性变革：基于集体审议的课程变革
扎根性变革：学校课程发展的文化路径

📖 课程育人新坐标丛书

学校课程的统整之道
教室里的课程
儿童立场的课程探索
童味园课程：这里有最难忘的童年
具身课程：语文学科课程新样态
让每一个孩子体验创新的激情："智慧树课程"的探索与实践
境脉学习：英语课程实施新取向
美学取向的课程探究
学科实践：语文素养的致获
全景化劳动：面向儿童的劳动课程
特需课程：个性化学科课程设计

📖 学校整体课程探索丛书

学校整体课程的文化逻辑
学校整体课程的深度实施
学校整体课程的系统设计

📖 课程治理新范式丛书

以学生为中心的教育治理